INTELIGENCIA SEXUAL

Lo que nunca se dijo •••

2018

TÍTULO ORIGINAL:
Inteligencia Sexual

DEPÓSITO LEGAL 4-1-3002-14

REG. SENAPI: 1-1871-2016

ISBN : 978-99974-67-93-5

REVISIÓN Y DIAGRAMACIÓN:
LIC. RAFAEL CALCINA
LIC. DENNIS ZUAZO V.
SR. EDGAR SIÑANI

PEDIDOS:
CELULAR: 73273248 E-MAIL: manzano-henry@hotmall.com

EDITORIAL:
COLECCIONES CULTURALES EDITORES IMPRESORES.
CALLE DIEZ DE MEDINA No. 7 64 ZONA LOS ANDES, LA PAZ
DERECHOS RESERVADOS.
IMPRESO EN BOLIVIA - PRINTEDIN BOLIVIA

PRÓLOGO

A diario escuchamos en los medios de comunicación sobre violaciones a menores, infidelidades, prostitución, Infecciones de Transmisión Sexual, embarazos no deseados, homosexualidad, etc., situación que nos alarma como sociedad conservadora que somos. Por esto es importante preguntamos: ¿Será el hombre un ser de naturaleza sexual?, ¿Qué es la Inteligencia Sexual? y ¿Cómo podemos vivir una vida sexual plena y satisfactoria?

Las respuestas a estas preguntas las podremos dilucidar, en esta obra que es desarrollada por el autor, sin hipocresías, prejuicios, ni complejos, sobre la sexualidad humana y su inteligencia sexual.

Esta investigación por donde se la vea, es de vital importancia, a partir de la alarmante estadística de divorcios, violencia familiar y feminicidios, que se dan en nuestro país; y conocer de una vez esta información que hasta hace poco se la consideraba como tabú, como algo prohibido; con la finalidad de ser responsables con nuestra sexualidad, vivir una vida sexual plena y satisfactoria, y fortalecer nuestra inteligencia sexual. Si bien es una meta difícil de alcanzar en un mundo orientado hacia la exhibición, banalización y comercialización sexual, no es imposible; en tanto nos guíe la honesta intención de un reencuentro auténtico con nuestra sexualidad, que favorezca a las relaciones interpersonales y maduras, en el ámbito físico, psicológico, afectivo y socio cultural.

En nuestro contexto no existen obras que traten sobre la Inteligencia Sexual; pero, como sociedad conservadora a criterio de muchos, no en su totalidad, tenemos la necesidad de conocer esta temática, como una alternativa para la formación integral de las personas y de las parejas sexuales.

Estimado lector, el libro que tiene en sus manos, tiene un lenguaje claro, sencillo y comprensible, pero, a la vez, profundo en sus apreciaciones, propia de los profesionales que han vivido demasiado.

Por todo esto, la presente obra: "INTELIGENCIA SEXUAL", representa un verdadero y valioso aporte para nuestro país, que debe ser estudiado; no por cumplir una exigencia académica, sino por buscar la felicidad a partir de un hogar feliz y una vida sexual plena y satisfactoria.

La Paz, enero del 2016.

Alberto Jhonny Laura Zegarra
DOCENTE DE PSICOLOGÍA - UCB

DEDICATORIA

El presente trabajo va dedicado a todas aquellas familias, que se reinventan constantemente para ser felices.

PRESENTACIÓN

INTELIGENCIA SEXUAL es un libro de psicología y sexología, dirigido a estudiantes de secundaria, universitarios, normalistas, profesores, padres de familia y público en general; aborda la temática de la sexualidad humana, expresada en su comportamiento y vida sexual.

La sexualidad humana desde hace muchos siglos, siempre estuvo sumida en un pernicioso manto de sombras y de misterio, que se expresó y expresa en el comportamiento social del hombre y de la mujer. Por esto, se constituye en un problema básico de muchas sociedades, ya que atenta directa e indirectamente contra la salud e higiene física y mental de las personas.

El desarrollo de las ciencias humanas en general, el ascenso social de la mujer a puestos importantes, los movimientos de liberación femenina, la reivindicación de derechos de los homosexuales y la respuesta sexual de los hombres ante una sociedad en crisis, abren la posibilidad de replantear el problema de la sexualidad, abordado por la **Inteligencia Sexual.**

La anormalidad en las funciones sexuales y los disturbios en el comportamiento sexual, expresan con absoluta claridad la ignorancia reinante sobre esta actividad, ignorancia fomentada a lo largo del tiempo por grupos de poder, por satisfacer sus intereses y necesidades. No es casual que el tema de la sexualidad haya sido considerado en muchas sociedades, y durante mucho tiempo, un territorio prohibido, un prejuicio generalizado, un tabú, un misterio o un pecado.

Se debe aceptar la sexualidad como algo natural, sin falsos pudores y reencauzándola en una práctica consciente, sin temores ni nuevos oscurantismos. Los fantasmas que han acosado al hombre y a su sexualidad dejarán de serlo cuando, entre otras cosas, la sociedad no reprima a ciegas todo aquello que no   entiende, que le produce inquietud; en tanto que parece generado por fuerzas ingobernables.

Los estudios de la sexualidad que se ocupan en forma exclusiva de la conducta erótica dentro de los márgenes del matrimonio y su descendencia, están limitando el verdadero significado de la sexualidad, ya que esto implica cercenar su realidad, olvidarse de sus orígenes y de su futuro. También se debe abordar las **consecuencias negativas** de las frustraciones sexuales a partir de una vida sexual sesgada y limitada.

En su momento, el **psicoanálisis** fue rechazado por la psiquiatría clásica, siendo éste un buen ejemplo de aquellos intereses, que en un momento dado, se sienten afectados por la interrupción de nuevas teorías que tienden a esclarecer viejos problemas de la humanidad, y mucho más si se trata del comportamiento sexual.

En ese sentido, el planteamiento de la **inteligencia sexual,** surge como una amenaza, un desafío temible a la razón, una refutación de lo que se creyó hasta ahora sobre la sexualidad; pero, a la vez, surge como una alternativa para conseguir una vida sexual plena, llena de satisfacciones y felicidad.

EL AUTOR

AGRADECIMIENTOS

Mi gratitud especial por las valiosas sugerencias, por la revisión crítica del libro, pero fundamentalmente por su estímulo y apoyo en todo momento, a las siguientes personas:

A mi distinguido amigo Lic. Froilán Marín por el apoyo constante e incondicional que siempre me ha dado.

A mi distinguido amigo Lic. Edgar Siñani, responsable de diseño gráfico de CCEI, por sus valiosas orientaciones en cuanto a la producción de este libro.

A mis estudiantes: Esdras Paucara, Mariana Flores y Walter Vargas, por las sugerencias que siempre me dan.

Para ellos, mi más grande reconocimiento y gratitud.

EL AUTOR

CAPÍTULO I
EL HOMBRE SEXUAL

PSICOANÁLISIS

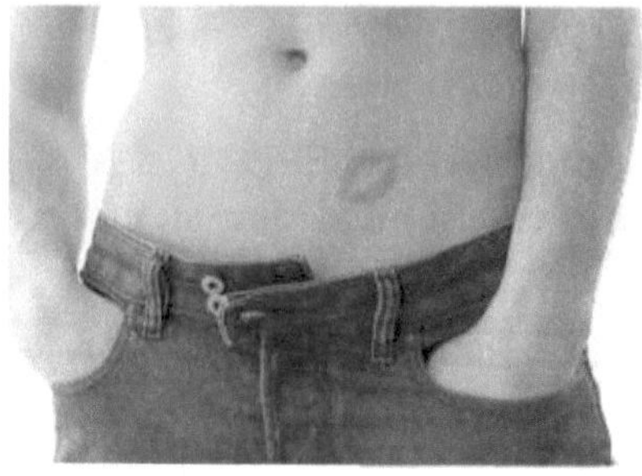

Sigmund Freud médico psiquiatra austríaco, fue el fundador del psicoanálisis, que es un método para curar enfermedades mentales y nerviosas, llevando al consciente, elementos del inconsciente.

NATURALEZA SEXUAL DEL HOMBRE.

Según Freud el hombre es por naturaleza un ser sexual, que va desarrollando su sexualidad desde el autoerotismo hasta las relaciones heterosexuales. Su conducta está determinada por los impulsos e instintos sexuales que se encuentran en el inconsciente.

Freud señala que en el ser humano se dan los complejos de Edipo y Electra, cuando el inocente niño siente atracción sexual hacia la madre y la inocente niña siente atracción sexual hacia el padre. También señala que en el cuerpo del ser humano existen zonas erógenas, donde residen el placer anal, genital y bucal.

Por estas afirmaciones Freud es conocido como el "Satán del siglo XX", pese a que él da el fundamento necesario para respaldar sus afirmaciones, creando tres conceptos fundamentales que son: el Yo, el Ello y el Súper Yo.

YO

Es la parte consciente de las personas, que tiene como función principal reprimir las manifestaciones del Ello, controlando sus tendencias instintivas y primitivas. Si elYo **deja salir libremente** al Ello, es decir, a todos los elementos nocivos y destructivos que se encuentran en el inconsciente, el Súper Yo lo **castigará** creándole sentimientos de culpa, remordimientos, tensión, depresión, amargura, pena, tristeza e irritabilidad.

El Yo, solo puede dejar salir al Ello, de acuerdo a las normas morales y sociales existentes en la comunidad o sociedad.

ELLO

Es la parte inconsciente de las personas, es la parte oscura de nuestra conciencia, donde se encuentran depositados elementos nocivos y destructivos, como ser: instintos, experiencias negativas, trastornos, complejos, miedos (fobias), traumas y los **impulsos sexuales,** que, a decir de Freud, son los que determinan la conducta de las personas[1].

El Ello siempre trata de **expresarse** y **salir libremente,** pero el Yo no lo deja por órdenes del Súper Yo. Si el Ello, que está conformado por elementos nocivos y destructivos, se expresa libremente, siempre habrá problemas, como ser: rapto, violaciones, infidelidades, embarazos no deseados, contagio de I.T.S., homicidios por emoción violenta, asesinatos, descuartizamientos, invalidez, feminicidios, parricidios y muerte.

El Ello se expresa libremente cuando uno está ebrio, drogado, hipnotizado, dormido o loco; porque en estas situaciones el Yo, que es la parte consciente, queda neutralizado.

SÚPER YO

Es una especie de conciencia moral que nos dice lo que

---

1 MANZANO, Henry (2015). Psicología de la Adolescencia "Rompiendo Cadenas'. Bolivla. Pág. 78.

está bien y lo que está mal. El Súper Yo se va formando con la educación, el arte, la religión, el deporte, y las vivencias (sociales, deportivas, culturales, políticas y **sexuales**); por esa razón, todos tienen un Súper Yo diferente. No es lo mismo hablar del Súper Yo de un boliviano, que de un brasilero, un argentino, un árabe o de un chino; todos son diferentes, porque todos se desenvuelven en medios distintos, donde las normas morales y sociales también son diferentes.

IMPULSOS SEXUALES

El ser humano debe canalizar sus impulsos sexuales a través del deporte, la música, el arte, la religión, el trabajo, el reír, el jugar, el hablar de sexo, sexualidad y relaciones sexuales con la más absoluta naturalidad, etc.; ya que solamente así, tendrá estabilidad emocional, laboral, familiar y social en su vida. Si no se canalizan los impulsos sexuales, se provocará en las personas, un gran sufrimiento interior (neurosis), producto de la lucha interna entre el Yo y el Ello; es decir, entre la parte consciente y la parte inconsciente.

INSTINTOS

Según Freud, los instintos **son patrones de conducta no adquiridos,** son innatos; pero que se desarrollan en función del medio en el que uno se desenvuelve. Los instintos son propios de los animales, pero también del hombre, y son tres: el instinto de conservación, el instinto agresivo o combativo y el instinto sexual o reproductivo.

INSTINTO DE CONSERVACIÓN

Se expresa cuando uno siente que su vida corre peligro. En esta situación el hombre se olvida que es racional y hace cosas que nunca pensó hacer, con el único propósito de salvar su vida.

INSTINTO AGRESIVO O COMBATIVO

Se expresa cuando uno está peleando, ya que en esta

situación actúa de manera instintiva y no mide las consecuencias de sus actos e incluso puede llegar a matar. A esto se denomina **homicidio por emoción violenta.**

INSTINTO SEXUAL O REPRODUCTIVO

Se expresa cuando uno siente la necesidad de satisfacer sus deseos e impulsos sexuales, que se traducen en desenfrenos y fantasías sexuales que escapan de lo racional. Gracias a este instinto de vida, la especie humana no se ha extinguido.

EL SÚPER YO Y LA CULTURA

Todos tenemos un Súper Yo diferente. El Súper Yo se va formando en medio de la cultura de una sociedad, es por eso que, para algunos "algo" es justo y para otros no; para algunos "algo" es bueno y para otros no, para algunos "algo" es bello y para otros no y así podríamos añadir un largo etcétera.

La cultura se basa en la represión y canalización de los instintos, traumas, complejos, experiencias negativas, trastornos y los **impulsos sexuales** que se encuentran en el Ello. Todos estos elementos nocivos y destructivos del Ello, pueden ser canalizados a través de la cultura y actividades recreativas y de esparcimiento, como: hacer deporte, escribir libros, escuchar música, jugar, reír, trabajar, cantar, etc.

La excesiva represión de los elementos nocivos y destructivos del Ello, genera en los hombres neurosis, un sufrimiento interior, producto de la pelea entre el Ello y el Yo; y que se traduce en una conducta agresiva, belicosa, irritable, impulsiva e inadaptada.

FUNCIONAMIENTO DEL YO, EL ELLO Y EL SÚPER YO EN LA VIDA REAL

Para que se entienda de mejor manera estos tres conceptos, colocaremos un ejemplo que sucede en la vida real, partiendo de una situación concreta. Luchito Morales de 38 años, casado con Ana Buena de 35 años, son un matrimonio de 18 años; tienen dos hijos, uno de 16 años y otro de 13 años. Es una familia feliz hasta que un día, directamente desde los Estados Unidos, llega a visitarles la cuñada, una guapísima rubia, que es mucho más joven y más bonita que la esposa.

Luchito Morales al verla se siente cautivado por su belleza, pero no hace nada porque su conciencia moral, es decir el "Súper Yo" le dice a su "Yo" que es la parte consciente, "que es un hombre casado, que tiene hijos"; le recuerda el "qué dirán" los vecinos y familiares. Por esta razón Luchito Morales no hace nada.

En un primer caso, ya llegada la noche de ese mismo día, cuando se encuentra dormido, sueña que está con su cuñada, porque cuando uno está dormido el "Yo" queda eliminado y el "Ello" se expresa libremente. Al día siguiente cuando ya está despierto, recién vienen los rayos, los truenos y las viboritas, porque el "Súper Yo" castiga al "Yo" por haber dejado salir al "Ello" libremente, creándole sentimientos de culpa, tensión, depresión, angustia, estrés, remordimientos, tristeza, amargura y pena.

En el segundo caso, esa misma tarde de la visita de la cuñada, Luchito Morales se va de parranda, llegando completamente ebrio a su casa y sin ningún miedo empieza a molestar a su cuñada delante de su esposa e hijos. Todo esto porque cuando uno está ebrio el "Yo" queda eliminado, expresándose libremente el "Ello" (constituido por los instintos, fobias, traumas, experiencias negativas, trastornos, complejos y los impulsos sexuales). Al día siguiente cuando ya está sobrio y el "Yo" asume nuevamente el poder, encuentra que su esposa y sus hijos ya no están, por lo cual se dice a sí mismo: ¿qué he hecho?, "soy la peor persona en el mundo", "yo tengo la culpa de que mi esposa y mis hijos, me hayan abandonado", "quisiera que la tierra se abra y me trague", "soy un cochino", etc. Todo esto porque el "Súper

Yo" está castigando al "Yo" por haber dejado salir libremente al "Ello".

ORIGEN DE LA SOCIEDAD

Freud para explicar el origen de la sociedad, se apoya en la teoría de Charles Darwin sobre el **"Origen de las especies por medio de la selección natural",** el cual establece lo siguiente:

La horda primitiva era dirigida por un macho poderoso, que se reservaba para sí todas las hembras y obligaba a todos los machos jóvenes a frenar sus deseos sexuales, bajo amenaza de castración o exilio. Un día los hermanos exiliados se reunieron y regresaron de su exilio, mataron al padre y se lo comieron, poniendo fin a la horda paterna. Unidos hicieron lo que parecía imposible, matar y comerse al padre. El violento padre primitivo había sido, sin duda, el modelo envidiado y temido por los hijos y los demás hermanos. Ellos lo habían amado, admirado, temido y odiado. Una vez muerto el padre, transcurrió un periodo de relaciones incestuosas, en el que se aprovechó la libertad que trajo la muerte del padre. Aunque los hermanos habían sumado sus fuerzas para vencer al padre, cada uno era rival del otro en el afán de poseer la mayor cantidad de mujeres. Cada cual quería tenerlas a todas, a semejanza del padre; combatían a muerte unos con otros, hasta hacer peligrar la horda, como organización. Por esta razón, no les quedó otro remedio, para vivir juntos, que realizar un **pacto social** e imponer prohibiciones contra el incesto. Todos por igual renunciaron a las mujeres deseadas, instituyéndose la exogamia y el totemismo para evitar el incesto hacia la madre y hermanas.

Así, en la horda primitiva se encuentra el origen de la sociedad.

LA SOCIEDAD Y LO QUE REPRIME

La sociedad ha maniatado a los hombres para permitir que vivan juntos en ella, porque si se los deja sueltos, se matan entre ellos. Antes de la constitución de los Estados, todos vivían en una guerra constante; el hombre era **"El lobo del mismo hombre"**.

La sociedad para poder desarrollarse, debe **"reprimir** y **sofocar"** los instintos nocivos y destructivos del hombre, más propiamente el instinto sexual y los impulsos sexuales[2]. Si los hombres (varones y mujeres) pudiesen decidir en cuanto a la cantidad de esposos (as) que quisieran tener en su sociedad, ellos pedirían tener más esposas y más esposos, pero por su falsa moral y por el **"qué dirán los demás",** se abstienen de opinar o reclamar al respecto, aceptando y obedeciendo las normas morales, sociales y jurídicas de su sociedad.

En algunas sociedades, es completamente legal que los hombres puedan tener la cantidad de esposas que quieran, siempre y cuando tengan las posibilidades de económicas para mantenerlas; no es ningún pecado ni es mal visto, porque esas sociedades lo permiten, por razones culturales, sociales, económicas y **sexuales;** pero en otras sociedades, se instauró la monogamia; es decir, que uno puede tener solo una esposa, pero eso no quiere decir que esos esposos no deseen otras mujeres. Habría que preguntarse por otro lado, si las mujeres están de acuerdo con tener un único esposo.

En ese sentido, el hombre es un ser **frustrado** en la sociedad porque no se lo deja expresarse libremente en lo sexual. La razón esclaviza a los instintos e impulsos sexuales del hombre.

SEXO Y NORMAS SOCIALES

Las normas sociales regulan la convivencia de las

---

2 MANZANO, Henry (2014). ¿Hombres o Dioses? Bolivia. Pág. 61

personas que viven en una sociedad, regulan también su vida sexual, tanto en la manera como es vivida y sentida, como en la forma en que se manifiesta exteriormente la conducta sexual. Las normas llegan a configurarse como valores de una colectividad, por lo que generalmente son aceptadas.

En las sociedades los que tienen poder, imponen su verdad en cuanto al sexo, sexualidad y relaciones sexuales a los que no tienen poder, a través de sus instituciones como: escuelas (valores sobre la sexualidad), cárceles (violadores, pedófilos, estupro, feminicidios, etc.), manicomios (para los que han perdido contacto con la realidad, en su búsqueda incesante de placer) y los hospitales (miedo a las I.T.S. y número de abortos por embarazos no deseados).

LOS DIOSES DE LA LUJURIA

El hombre en lo sexual es un ser hipócrita y reprimido, porque utiliza ropa y reprime todos sus **instintos e impulsos sexuales.** Para ser feliz requeriría vivir en una especie de paraíso tropical, con manjares y comodidades, andar desnudo y tener relaciones sexuales con un sinnúmero de parejas sexuales; pero eso sí, sin responsabilidades, ni cuidando a sus hijos.

Desearía vivir como un semidiós, con más placeres que dolores, con lujuria y pasiones desenfrenadas, porque es un depredador sexual por naturaleza; pero no lo puede hacer porque la sociedad a partir de sus normas morales, sociales e incluso jurídicas no se lo permite; se lo prohíbe. Por eso, en la mayoría de las sociedades, se conforma simplemente con tener una esposa o esposo; pero eso no quiere decir, que no desee la pareja sexual de otro(a).

CAPÍTULO II

DESARROLLO SEXUAL

Desde un punto de vista **psicoanalítico**, el hombre es un

ser sexual, que va desarrollando su sexualidad desde el autoerotismo hasta las relaciones heterosexuales

SEXO

Es lo que diferencia a los varones de las mujeres en sus partes externas e internas. En lo externo nos referimos a la vagina y el pene; y en lo interno, a los ovarios y los testículos.

SEXUALIDAD

Es un atributo físico, fisiológico, psicológico y social de las personas, que se expresa en la forma de reír, jugar, caminar, hablar, bailar, etc. La sexualidad va más allá de nuestro comportamiento erótico (placer orgásmico) y de la reproducción, ya que la sexualidad está impregnada de sentimientos, pensamientos, actitudes y comportamientos de la vida diaria.

RELACIONES SEXUALES

Es la unión física y espiritual de dos personas como culminación de todo un proceso de amor. Las relaciones sexuales tienen dos finalidades principales que son: la procreación (tener hijos) y el placer (reavivar el amor de la pareja, uniéndolos física y espiritualmente)[3].

---

3 MANZANO, Henry (2015). Psicología de la Adolescencia "Rompiendo Cadenas". Bolivia. Págs. 89, 90.

TENER SEXO

Es tener relaciones sexuales sin compromiso y sin amor, solamente motivado por las pasiones, instintos e impulsos sexuales.

EDUCACIÓN SEXUAL

Es una alternativa en la formación integral de los niños y adolescentes que no solo imparte conocimientos necesarios sobre la sexualidad en sus aspectos físicos, psicológicos y sociales, sino fundamentalmente busca lograr la identificación sexual del individuo y capacitarlo para crear sus propios valores y actitudes, que le permitan su autodeterminación y vivir su sexualidad de una manera sana, positiva, consciente y responsable dentro de su época, su cultura y su sociedad.

DESARROLLO DE LA IDENTIDAD SEXUAL

En el ser humano, la diferenciación sexual es un complejo proceso que ocurre en distintos momentos de la vida prenatal y que tiene su base en el patrón cromosómico que se establece en el momento de la concepción. A partir del nacimiento, el neonato se desenvuelve en un mundo social donde paulatinamente va desarrollando y perfilando su propia personalidad e identidad sexual. Quizás el primer hecho psicológico en su desarrollo sexual sea la identidad del sexo o percepción interna de pertenencia a un sexo determinado. En la mayor parte de los casos, el sexo biológico y la identidad del sexo se corresponden; es decir, un niño con genitales masculinos, se clasifica a sí mismo como niño y una niña con genitales femeninos, lo hace como niña.

Esta convicción primaria de ser varón o ser mujer, va consolidándose y adquiriendo sentido a medida que el individuo crece y se desarrolla en la pubertad y la adolescencia. La forma de comportarse y sentir de acuerdo a su identidad sexual irá tomando forma y significado, dependiendo de los nuevos elementos que vaya integrando a su personalidad como resultado de nuevas experiencias de vida.

El paso del tiempo y la influencia sociocultural, hacen que la identidad sexual sea más compleja e incluya nuevos dominios de comportamiento apropiados para varones y mujeres, y en algunos casos apropiados para los dos.

El hecho de pertenecer biológicamente a un sexo, no significa que el modo de comportamos sexualmente a lo largo de nuestra vida esté determinado solo por este hecho; porque el ser humano, al vivir en una sociedad, vive influenciado también por prejuicios e ideas erróneas (tabúes y prohibiciones) que distorsionan la vida e identidad sexual de las personas.

INFANCIA

El nacimiento de la sexualidad es simultáneo al del ser humano, situándolo, entonces, en el principio mismo de la vida e incluso se puede hablar de un psiquismo fetal; es decir, de la existencia de una latente actividad psíquica ya en el estado embrionario.

La existencia de la sexualidad en la infancia, es un hecho que debe aceptarse sin prejuicios y en sus verdaderas dimensiones.

El recién nacido establece una primera relación fundamental con el mundo exterior a través de la madre, específicamente a través del pecho de la madre. Esta relación, no solo cumple una función vital, como es la alimentación; sino también, forma el carácter del bebé y lo ayuda a aprender.

El niño sexualiza el hecho de mamar, el reconocimiento de la propia sexualidad se nutre también de otras y variadas experiencias. No se puede hablar de una pretendida inocencia infantil, subestimando, entonces, al niño y a sus necesidades afectivas; resultando esto, una osadía imperdonable.

En esta etapa, los padres no deben falsear las concepciones que el niño elabora sobre el mundo, sobre él mismo y sobre su sexualidad. En el caso de la sexualidad no es, o no debe ser un misterio.

En la infancia, las principales fuentes de información respecto a la curiosidad sexual que siente el infante proceden de la familia. El pequeño elabora una serie de actitudes sobre su propio cuerpo, especialmente sobre la idea del desnudo y de las relaciones con personas del otro sexo.

Aproximadamente a los dos años, el pequeño es consciente de sus propios órganos sexuales. Este descubrimiento tan importante para él, lo exteriorizará a través de múltiples manifestaciones: se los palpará cuando se encuentre desnudo, le gustará mirárselos en el espejo y disfrutará exhibiéndolos sin el menor recato. Una consecuencia de este hallazgo es que los niños empiezan a mostrar interés en función del sexo que tienen, por las diferentes posturas para orinar. No es de extrañar que muchos niños imiten a su madre, hermanas o amiguitas e intenten orinar sentados; y en la caso de las niñas, si se presenta la ocasión, intentarán hacerlo de pie.

A partir de los tres años, se observa que les atrae enormemente el cuerpo de los adultos, lo contemplan con verdadera curiosidad y hacen preguntas sobre diversos aspectos. De todas las zonas corporales, la que más les llama la atención suele ser el pecho materno y es normal que intenten tocarlo.

Entre los cinco y seis años, el niño se encuentra en plena fase de identificación sexual; por lo cual, empezará a preguntar: ¿por qué mi padre no tiene pecho?, ¿por qué mi hermana no tiene pene? y ¿por qué mis padres no comparten los mismos servicios higiénicos públicos?

NIÑEZ

En la niñez se da el primer proceso de socialización, ya que el niño va a la escuela. Es un mundo diferente donde aprende a convivir con otros pequeños de su misma edad, de su mismo o diferente sexo. La curiosidad es el motor que desarrolla su pensamiento, su inteligencia y su afectividad.

Los niños llevados por su curiosidad investigan las diferentes partes de su cuerpo, como ser: sus orejas, su nariz, sus ojos, etc., pero sobre todo sus genitales (órganos sexuales), jugando con ellos de manera inocente; por lo cual, es importante que los padres no vean esta situación como algo malo, algo sucio; sino, por el contrario, expliquen al niño, que ese tipo de manipuleo puede originar irritaciones e inflamaciones.

A partir de los seis o siete años, se le puede hablar al niño del acto sexual; aunque por supuesto, con un lenguaje muy sencillo y adaptando el contenido a su mentalidad infantil. Una forma de afrontar esta cuestión, es analizar las diferencias anatómicas entre el hombre y la mujer; estudiar cómo uno y otro se complementan entre sí. Por lo general, los pequeños ya saben que los niños tienen algo de lo que carecen las niñas; pues bien, ahora es el momento de explicarles el porqué de esta diferencia y la función que tienen. Es importante hacerles ver cómo la concepción de un nuevo ser humano es cosa de dos personas que se quieren; una, la mujer, que tiene en su interior la semilla (óvulo) que necesita ser fecundado, y otro, el hombre, que a través del pene deposita una partícula en el interior de la mujer; uniéndose ambas partes para formar un pequeño huevo del cual surge y se desarrolla
el nuevo ser (bebé).

La etapa que va de los diez a los doce años, debe

aprovecharse para informar al niño en profundidad sobre la sexualidad. Es conveniente que conozca todo lo relacionado con las modificaciones propias del crecimiento, los procesos reproductores, las eyaculaciones nocturnas, la masturbación y la menstruación.

PUBERTAD

En la pubertad se desarrollan las glándulas sexuales, por lo que en los varones se produce la primera eyaculación de espermatozoides tanto de manera consciente (cuando hay un estímulo), como inconsciente (sueños mojados); y en las mujeres se da la menarquía o primera regla menstrual.

En esta etapa aparecen de manera complementaria a ese desarrollo sexual, el crecimiento de vellos, cambio de voz, aparición del bozo en ambos sexos; y en el caso particular de las mujeres, el crecimiento de los pechos y el ensanchamiento de las caderas.

Todo esto genera un cambio de conducta (un cierto distanciamiento entre varones y mujeres), ya que el púber siente miedo e inseguridad por los cambios físicos y fisiológicos por los que está atravesando.

En la pubertad los deseos sexuales se dirigen preferentemente a las personas del otro sexo que reúnen determinadas cualidades físicas; pero siempre matizados por algunas condiciones psicológicas y espirituales que complementan el sentimiento sexual y las sensaciones eróticas. Esta es la clave de la evolución del ser humano.

ADOLESCENCIA

El distanciamiento que se da entre varones y mujeres en la pubertad es superada en la adolescencia propiamente dicha, porque empiezan a salir juntos. Los adolescentes siempre tratan de impresionar a adolescentes del otro sexo.

Los muchachos adoptan una actitud de ostentación, de

fuerza y de gallardía, con el único afán de lucirse, sobre todo si las chicas los están mirando. Las chicas, en cambio, están más interesadas en acentuar sus modales femeninos y se preocupan por su figura, buscando desarrollar las artes para atraer la atención de los jóvenes[4].

El amor adolescente puede ser descrito como el tipo de amor idealizado (enamoramiento ciego), donde se sobrevaloran las cualidades del ser amado, no se ven los defectos, sino solo lo que quiere ver la persona enamorada.

La persona amada se siente estimulada por esta alta valoración y trata de responder a este concepto. El enamorado, por otra parte, vive mostrando sus mejores cualidades, haciendo un esfuerzo que le hace perder el sentido real de sus limitaciones y defectos.

Los impulsos sexuales que acompañan al amor adolescente alcanzan gran intensidad, especialmente en los muchachos y se expresan por una acentuación de la masturbación.

El ejercicio de la sexualidad puede ser fuente de inmenso placer y expresión de sentimientos profundos; pero también, puede ser fuente de graves trastornos en la vida personal y social del individuo. En la misma medida en que el sexo es un vehículo para la comunicación entre seres humanos, para la entrega de amor y el sentir placer, puede también ser un instrumento de explotación, abuso y sufrimiento.

La sexualidad implica por consiguiente, tanto un don de la naturaleza como una responsabilidad del ser humano. La madurez sexual implica no solo poseer órganos genitales bien desarrollados, sino también tener la capacidad de dar y recibir amor.

El 100 % de los adolescentes varones tienen sueños eróticos y el 85 % culminan con el orgasmo, y por tanto, con

---

4 GIRAULT, Pierre (1976). Sexualidad sana. España Pág. 5

la eyaculación; y el 70% de las adolescentes mujeres tienen sueños eróticos y más de la mitad de éstas llegan al orgasmo.

ADULTEZ

El apogeo de la vida sexual se desarrolla fundamentalmente entre los veinte y los cincuenta años. En este periodo de la vida se da con mayor intensidad las prácticas sexuales.

El hombre y la mujer llegan a la edad adulta, con dudosos conocimientos teóricos de la sexualidad y con escasas experiencias. Es común comprobar que sus prácticas eróticas no han pasado, a veces, del terreno de la masturbación. Y si bien en el hombre la iniciación se ve facilitada por su acceso a los prostíbulos, debemos reconocer que estas relaciones, casi siempre ocasionales y apresuradas, poco aportan al desempeño del comportamiento sexual.

Los casos de iniciación, tanto en el hombre como en la mujer, acostumbran a ser reducidos fuera de los márgenes del matrimonio; muchas parejas ven naufragar sus proyectos de una larga vida en común, debido a su desconocimiento e inexperiencia sexual, tratando de mantener las apariencias, procrear, cumplir con los requisitos de convivencia; pero no obstante, su relación estará viciada desde los cimientos, y la sexualidad, entre ellos, será siempre precaria, insatisfactoria y motivo de disgusto.

Mujeres jóvenes, aparentemente sanas y activas, ven reducidas sus fantasías con respecto al sexo a una práctica mecánica, que genera una satisfacción rutinaria de los impulsos sexuales del hombre antes que su propia satisfacción. La procreación suele ocupar este vacío, transformando a los hijos, consciente e inconscientemente, en sustitutos de otros anhelos que nunca serán complacidos.

Por su parte, hombres físicamente fuertes y mentalmente dispuestos para una vida ordenada y laboriosa, comprueban tardíamente que su habilidad sexual no es suficiente para complacer a su pareja, o que su virilidad no siempre responde en la magnitud esperada. Pero, dado que una vez lograda la erección del pene, el hombre siempre llega al orgasmo; su insatisfacción no reviste las mismas características que la insatisfacción femenina, pero para no perder su autoestima, casi siempre responsabiliza a la mujer por los fallos en las relaciones de pareja.

Lo cierto es que en los fracasos sexuales entre hombres y mujeres que no presenten disturbios congénitos, es un grave error localizar la causa del problema en la pareja, excluyéndose a sí mismo. El hombre, en condiciones normales, es responsable del placer de la mujer, y viceversa.

Cuando esto sucede, existe una experiencia sexual fallida que perturba integralmente al ser humano, a su relación de pareja; y, en última instancia, a su relación con el mundo. En estos casos, nos encontramos frente a una cuestionable y deficiente educación sexual previa. Esta perturbación que conmueve en lo esencial tanto a hombres como a mujeres, reconoce comúnmente dos sentimientos en íntima relación, que son: la culpa y el temor que actúan directamente sobre el impulso erótico y el comportamiento amoroso.

ANCIANIDAD

Los límites temporales de la sexualidad, como ya hemos visto, son antes que nada, un convencionalismo. Del mismo modo que su origen se remonta mucho más allá de las primeras experiencias prácticas, así también su declinación es variable según las personas y las circunstancias. Si bien es cierto que el ritmo de la actividad sexual se hace menos intenso, a medida que transcurren los años (notoriamente cuando uno ha pasado el tope de los cincuenta), esta apreciación está muy lejos de ser una verdad absoluta.

El penoso sentimiento generalizado de los adultos que se

aproximan a la vejez, es del ocaso de la sexualidad, el de la pérdida de sus actividades amorosas. Lo cierto es que el transcurso del tiempo afecta a esta actividad humana en la misma medida que a todas sus otras actividades. La declinación de la fuerza física, de la actividad cerebral y de la vitalidad, son fenómenos frecuentemente asociados a los años.

Muchos hombres creen que la frecuencia cada vez menor con que realizan el acto sexual, es un síntoma irremediable de la **andropausia,** o pérdida de los impulsos sexuales.

Apelan entonces, al uso de diversos estimulantes y buscan prácticas excitantes que alienten sus impulsos sexuales; pero, dolorosamente y con resignación, comprenden que la vejez ha terminado con su sexualidad, y poco queda por hacer.

Las mujeres por su parte, se angustian a medida que avanzan hacia la **menopausia,** estado que suele presentarse entre los cuarenta y cinco y los cincuenta y cinco años. La menopausia está muy lejos de inhabilitarla para la vida sexual.

El suponer que todo contacto sexual debe tener como supremo objetivo la concepción, no logra otra cosa que atemorizar a la mujer (consciente o inconscientemente) y culparse por entregarse a sus deseos sin otro objetivo que el de satisfacerlos.

CAPÍTULO III

ALTERACIONES Y DESVIACIONES SEXUALES

En cada fase de desarrollo psicosexual, las fuerzas sociales represivas, los moldes culturales con normas de conducta inhibitorias, tanto dentro la familia como fuera de ella, tienden a aumentar las presiones sociales que empujan a deformaciones en el comportamiento sexual con normas realmente frustrantes y perturbadoras de la conducta sexual. Este desarrollo psicosexual determinará la aceptación o rechazo de sus sentimientos eróticos en desarrollo.

Si existe rechazo a los sentimientos eróticos, se ingresa sutilmente al campo de las alteraciones y desviaciones sexuales.

ALTERACIONES SEXUALES

Son alteraciones sexuales aquellas que imposibilitan la práctica del acto sexual normal en forma sistemática y natural. Entre estas tenemos:

1. FRIGIDEZ

Es la alteración sexual que implica la ausencia de deseo sexual (ausencia de libido), que puede ir desde la indiferencia completa hasta la aversión y hostilidad con respecto al acto sexual. Esta alteración sexual deriva de una educación sexual equivocada basada en concepciones religiosas y moralistas que hacen ver al acto sexual como un pecado, como algo sucio; viéndolo como un sacrificio y no como una realización y entrega mutua.

También se da por una educación donde se jerarquiza la espiritualidad del amor y no el amor en su amplio sentido, incluyendo su expresión física.

La desarmonía familiar, las escenas conyugales violentas, el excesivo consumo de bebidas alcohólicas por uno de los esposos, venganza por la infidelidad del marido, miedo a contraer una I.T.S., etc., originan esta alteración.

2. VAGINISMO

Es la alteración sexual que implica una hipersensibilidad de los músculos de la vagina, que provoca un excesivo dolor al momento de realizar el acto sexual[5].

3. NINFOMANÍA

Es la alteración sexual que implica un excesivo apetito sexual por parte de una mujer que busca experiencias sexuales sin freno alguno, con el propósito de buscar orgasmos y placer. Este tipo de alteración origina la prostitución voluntaria.

La ninfomanía es de origen psicológico, ya que tiende a compensar la privación sexual que sufrió en el pasado y la necesidad de ser amada y aceptada.

4. IMPOTENCIA SEXUAL

Es la alteración sexual que implica la incapacidad masculina de procurar a la mujer una plena satisfacción sexual. Esta se clasifica en: impotencia por falta de apetito sexual, impotencia por falta de erección e impotencia por falta de eyaculación.

5. SATIRIASIS

Es la alteración sexual que implica un deseo sexual incontrolable y excesivo por parte del varón. Tiene similar

---

5 MANZANO, Henry (2015). Psicología de la Adolescencia "Rompiendo Cadenas". Bolivia. Pág. 100.

origen que la ninfomanía.

DESVIACIONES SEXUALES

Las desviaciones sexuales son aquellas en las que existe una práctica anómala del acto sexual.

Toda relación sexual tiene un objeto y un fin determinado. El objeto es aquello que ejerce la atracción sexual, es decir, la pareja del otro sexo; y el fin es el acto sexual al cual tiende el instinto sexual.

a) DESVIACIONES SEXUALES CON RESPECTO AL OBJETO SEXUAL

1. PEDOFILIA O PAIDOFILIA

Es la desviación sexual a través de la cual los adultos obtienen placer erótico en las relaciones sexuales con los niños.

Las prácticas pedofílicas incluyen también la exhibición de los genitales del niño, su manipulación y posible penetración.

La causa de la pedofilia, es el temor al fracaso en las relaciones sexuales con adultos; por lo cual, se inclinan por los niños.

2. ZOOFILIA

Es la desviación sexual que implica la práctica de relaciones sexuales con animales. Es de tipo psicológico y ocasional.

3. NECROFILIA

Es la desviación sexual que implica tener relaciones sexuales con un cadáver, con quien el necrófilo estuvo ligado afectivamente o sintió una gran atracción sexual, y que estando en vida no se pudo materializar el acto sexual. Tiene características psicopáticas.

4. FETICHISMO

Es la desviación sexual que implica concentrar los impulsos sexuales en un símbolo sexual como objeto básico de su amor que le produce placer, que puede acariciarse, contemplarse o usarse en actividades masturbatorias. Estos objetos pueden ser prendas íntimas, pañuelos, guantes, fotos, cabellos, etc.

5. GERONTOSEXUALIDAD

Es la desviación sexual que implica el sentir atracción sexual hacia una persona de edad avanzada. Es de origen psicológico porque el deseo sexual se funda en una búsqueda de un sustituto paterno.

b) DESVIACIONES SEXUALES CON RESPECTO AL FIN SEXUAL

1. FROTTEURISMO O FROTACIÓN

Es la desviación sexual que consiste en frotar los genitales contra una mujer y solo de ese frotamiento obtener el orgasmo, convirtiéndose en el único fin sexual. No se busca el coito porque el individuo que padece esta desviación, se siente poco atractivo e inadecuado para tener una relación sexual con una mujer adulta.

2. VOYEURISMO

Es la desviación sexual que implica el sentir placer sexual, seguido muchas veces de orgasmo, observando actos sexuales ajenos, personas desnudas y objetos eróticos.

3. EXHIBICIONISMO

Es la desviación sexual que consiste en exponer públicamente o no los genitales a una víctima sin su consentimiento, siendo casi exclusivamente masculina y que tiene por objeto obtener una reacción emocional intensa de la figura femenina (horror, disgusto o excitación), no puede imponer otra forma de relación sexual.

4. TROILISMO

Es la desviación sexual que implica compartir el compañero sexual con otra persona mientras lo observa. Generalmente se da a partir de dos parejas que tienen relaciones sexuales al mismo tiempo o en presencia de otros.

5. TRAVESTISMO

Es la desviación sexual que implica sentir una gran satisfacción sexual o excitación por el hecho de vestir con ropa del otro sexo. Su origen se da generalmente en la niñez, provocado por el rechazo paternal al sexo del niño.

6. SADISMO

Es la desviación sexual que consiste en provocar daño o dolor al objeto sexual. Las acciones típicas del sádico son: azotar, pellizcar, morder, golpear, amenazar y abofetear. Es más característico del hombre que de la mujer.

7. MASOQUISMO

Es la desviación sexual que implica recibir daño o dolor de la pareja sexual, ya que sienten la necesidad de ser dominados(as) por la pareja. Es característico de las mujeres.

8. SADOMASOQUISMO

Es la desviación sexual que implica sentir un gran placer provocando dolor y sufrimiento a la pareja; pero, a la vez, recibiendo castigos, maltratos y vejaciones. Es una combinación de las dos anteriores.

CAUSAS

Las principales causas de las alteraciones y desviaciones sexuales son:
- Una educación sexual deficiente.

- Maltrato y violencia sexual por parte de los padres o

algún familiar.

- No prestar importancia a los problemas e inclinaciones sexuales de los hijos.

- Burlarse del sexo del hijo o hija o sufrir vejámenes por los propios padres.

- Hacer ver todo lo relativo al sexo y sexualidad, como algo sucio y pecaminoso.

- Utilizar frases ofensivas como: "ojalá que hubieras nacido mujer o viceversa", "ojalá te mueras, porque eres un marica", "si te han violado, es por tu culpa", "con la traza que tienes ningún borracho se enamorará de ti".

- Violaciones. Negociar por dinero la violación de un hijo, solo por guardar las apariencias.

- Facilidad para obtener material pornográfico.

- Vivir en medio de bares y lenocinios.

- Vivir en un único ambiente, donde los padres no tienen pudor y tienen relaciones sexuales delante de los hijos.

- Vivir con padres homosexuales, travestís, transexuales, bisexuales, sádicos, ninfómanas, sátiros, etc.

CONSECUENCIAS DE LA INSATISFACCIÓN SEXUAL EN LA ADOLESCENCIA

Entre estas tenemos: la masturbación, violaciones, homosexualidad, prostitución, uso de material pornográfico, fetichismo, exhibicionismo, infidelidad, rapto, matrimonios precoces, embarazos no deseados, contagio de I.T.S., acoso sexual escolar, depresión y suicidio.

PORNOGRAFÍA

Hoy en día la masificación de los medios de comunicación permite que las personas (niños(as), adolescentes, jóvenes y adultos) puedan tener acceso directo y fácil a material pornográfico, fundamentalmente a través del Internet donde existen sitios y publicaciones clandestinas que muestran a hombres, mujeres y niños(as), en poses pornográficas. También muestran relaciones sexuales entre homosexuales.

La pornografía en nuestra sociedad, es mucho más accesible de lo que pensamos, porque se venden públicamente revistas pornográficas, se ofrecen servicios y productos eróticos. En los periódicos, la televisión y el cine se pueden apreciar películas comerciales donde los personajes están casi siempre semidesnudos[6].

La pornografía representa la mayor muestra de la degradación del hombre, al rebajarlo a la categoría de animal sexual copulador, ya que desarrolla en el ser humano su instinto sexual más primitivo, que quiere explorar, tocar, excitarse y eyacular, con o sin consentimiento de la otra parte. Por esta razón, la gran mayoría de los delitos sexuales son cometidos por aficionados a la pornografía.

La pornografía genera en la persona las siguientes consecuencias:

- Vuelve a las personas violentas y son más propensas a cometer delitos sexuales.
- Hace que las personas se obsesionen con el sexo y las relaciones sexuales.
- Provoca violencia sexual contra las mujeres.
- Deshumaniza a las mujeres y a los hombres, perdiéndose el respeto mutuo.
- Corroe el alma, ya que se ve a los demás, simplemente como objetos sexuales.
- Refuerza el hábito de desnudar a la gente con la imaginación o de recrear fantasías sexuales.

---

6 GARRIDO, Miguel (1995). Terapia Familiar. España. Pág. 112.

PERFIL PSICOLÓGICO DE LOS DEPREDADORES SEXUALES

Los violadores son gente que no tienen la capacidad de poder satisfacer sus necesidades y apetitos sexuales, por lo cual recurren a utilizar la fuerza y el engaño para consumar violaciones, que los hacen sentir poderosos, disfrazando su fragilidad ante el mundo. El sufrimiento y dolor de las víctimas los hacen sentir eufóricos y jadeantes de placer.

El violador después de consumar la primera violación, generalmente a alguien vulnerable (niños(as), adolescentes deprimidas, embarazadas y ancianas), tiene sentimientos de miedo y culpa; miedo por las consecuencias legales que le pueden acarrear sus acciones y culpa, porque su conciencia le atormenta; hacen un análisis de la situación, sintiéndose un tanto aturdidos.

La segunda vez, la intensidad de su miedo y culpa disminuirán. La tercera vez, casi ya no sentirá ningún remordimiento, más al contrario, proyectará la culpa de todo lo que pasó, a las víctimas. La cuarta o quinta vez, intentarán probar desenfrenadamente otras experiencias sexuales que provoquen en él, mayor placer, ya que las violaciones ya no son suficientes; por lo cual, lo más probable es que se den las violaciones seguidas de muerte. En estos casos, ya estamos hablando de un depredador sexual, que no se detendrá ante nada, en su búsqueda incesante de placer y nuevas experiencias; no le importará el sufrimiento ni el dolor de nadie, porque para él, las víctimas son simplemente objetos sexuales (trofeos).

CAPÍTULO 36

CAPÍTULO IV
LA MASTURBACIÓN

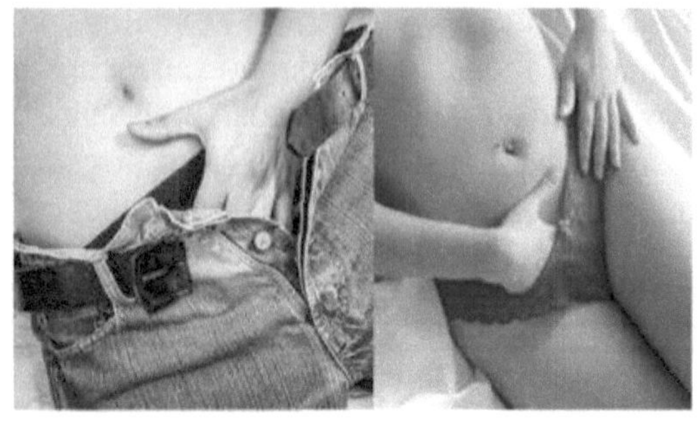

La masturbación, tanto femenina como masculina, es la estimulación de los órganos genitales para obtener placer sexual, pudiendo llegar o no al orgasmo. La masturbación es una práctica solitaria con la única finalidad de buscar placer sexual.

La masturbación suele efectuarse con las manos mediante el frotamiento de los genitales o con la utilización de penes de silicona, vibradores, vaginas artificiales, muñecas de goma, etc.

Se atribuye a Sigmund Freud el descubrimiento de que la masturbación es algo común en la infancia, pero, para Havelock Ellis, la afirmación de que la masturbación es común entre los hombres; y una práctica habitual entre las mujeres de todas las edades.

CÓMO SE INICIA LA MASTURBACIÓN

Esta actividad puede comenzar en cualquier momento de la vida de una persona. Muchos niños comienzan a masturbarse mientras crecen y exploran los cambios que se producen en sus cuerpos. Con frecuencia descubren a una edad temprana que se siente bien tocarse los genitales o frotárselos contra algún objeto adecuado. Normalmente, la masturbación comienza mucho antes de la pubertad. Los niños pequeños no tienen fantasías sexuales mientras se masturban, ya que recién en la adolescencia se produce el

CAPÍTULO 37

despertar   sexual.

Es importante que los niños sepan que la masturbación es normal, no es perjudicial y no les provocará daños en el cuerpo; pero eso sí, deben buscar privacidad para masturbarse.

Para no generar incomodidad, es necesario leer libros sobre cómo hablar con los niños sobre sexualidad, y posteriormente, tener con ellos conversaciones sobre la masturbación[7].

MASTURBACIÓN MASCULINA

La mayoría de los hombres se masturban agarrando el pene con la mano, moviéndola de arriba hacia abajo o de atrás hacia adelante, según la postura del individuo. Otros solo frotan su pene con una mano y con la otra estimulan los testículos o pezones, entre otras partes del cuerpo.

Existen artilugios eléctricos y mecánicos para que los hombres se masturben: muñecas inflables, vaginas artificiales, bombas de vacío, etc.

MASTURBACIÓN FEMENINA

Las mujeres suelen utilizar los dedos para masturbarse, estimulando el clítoris. Luego introducen sus dedos en la vagina para estimularlo y conseguir la lubricación del mismo y posteriormente extender la humedad al clítoris, o bien, mojándolo con su propia saliva, para incrementar la sensación placentera.

El uso de vibradores y otros juguetes eróticos parece estar extendiéndose entre la población femenina.

EXTENSIÓN DE LA MASTURBACIÓN

La masturbación es una actividad muy común, ya que aproximadamente 7 de cada 10 hombres adultos y más de 5

---

7 AVENDAÑO, Miguel (2009). Hablemos de sexualidad. Colombia. Pág. 126.

de cada 10 mujeres adultas se masturban. También es común que los niños y los adolescentes se masturben.

Los hombres y las mujeres continúan masturbándose después de establecer relaciones de pareja. Incluso aunque tales relaciones sean satisfactorias.

Se ha observado que mientras la frecuencia con la que los hombres emparejados acuden a la masturbación, disminuye desde el momento en que comienzan a tener relaciones sexuales y sigue descendiendo con el paso del tiempo; en las mujeres, la frecuencia se mantiene igual o aumenta en la mayoría de los casos, sobre todo entre las que son más jóvenes[8].

EL PAPEL DE LA MASTURBACIÓN EN EL DESARROLLO SEXUAL

La masturbación puede:

- Generar una sensación de bienestar, por el placer sexual que genera.
- Ayudar a que las personas sepan qué tipo de caricia y estímulo sexual les gusta.
- Aumentar la capacidad de tener orgasmos.
- Mejorar las relaciones y la satisfacción sexual.
- Mejorar el sueño.
- Proporcionar un tratamiento eficaz contra la eyaculación precoz y la disfunción eréctil.
- Reducir el estrés.
- Liberar la tensión sexual.
- Aliviar los dolores menstruales y la tensión muscular.

---

8 GONZALES, Alexandra (2001). Sexualidad y sociedad. México. Pág. 56.

MITOS SOBRE LA MASTURBACIÓN

Existen muchos mitos sobre la masturbación. Los mitos, simplemente, no son verdad. Los hechos indican lo siguiente sobre la masturbación:

- NO hace que crezca pelo en las palmas de las manos o en otros lugares del cuerpo.

- NO causa ceguera.

- NO hace que se achiquen o se agranden los órganos sexuales, ni que cambien de color, textura o apariencia.

- NO provoca un crecimiento deficiente.

- NO causa infertilidad (los niños, adolescentes, jóvenes y adultos no se quedan sin esperma)

- NO es adictiva.

- NO causa lesiones o daños.

- NO conduce a enfermedades mentales o trastornos de personalidad.

- NO conduce a la homosexualidad.

CAPÍTULO V
LA HOMOSEXUALIDAD

El mundo tiene una concepción cerrada sobre los homosexuales; por eso muchas veces los discriminan y los maltratan; pero como seres humanos, tienen derecho a sentir, amar, vivir y ser felices. Tienen derecho a ser ellos mismos y no es justo que se escondan bajo el manto protector de una familia heterosexual, solo para salvar las apariencias, viviendo su homosexualidad de manera clandestina y avergonzada.

CONCEPTO

La homosexualidad es la tendencia por la cual una persona siente atracción sexual hacia otra persona de su mismo sexo.

Actualmente, es signo de modernidad, tolerancia e intelectualidad declarar que la homosexualidad es natural.

Se debe respetar las preferencias sexuales de las personas, porque de no ser así, los estaríamos discriminando; y eso va en contra de las normas.

LA HOMOSEXUALIDAD Y SU ORIGEN

El homosexual nace y se hace.

EL HOMOSEXUAL NACE

El homosexual nace por cuestión de herencia, ya que por jugadas de la naturaleza un varón nace con los cromosomas XXY, siendo lo normal los cromosomas XY; y las mujeres nacen con los cromosomas XXX, siendo lo normal los cromosomas XX. Este hecho predispone a la persona para que pueda inclinarse hacia la homosexualidad.

EL HOMOSEXUAL SE HACE

El homosexual se hace por cuestión del medio ambiente, ya que determinadas situaciones predisponen a las personas hacia la homosexualidad. Así por ejemplo, la influencia negativa del medio familiar (el padre, un asesino y la madre, una prostituta), medio social (amigos antisociales y bebedores consuetudinarios), medio cultural (escasa formación de los padres e hijo iletrado) y medio físico (vivir en medio de bares, cantinas y prostíbulos)[9].

CLASES DE HOMOSEXUALIDAD

Entre estas podemos mencionar: la homosexualidad absoluta, la homosexualidad anfígena y la homosexualidad ocasional.

a) HOMOSEXUALIDAD ABSOLUTA

Es aquella que implica que el objeto sexual es siempre una persona del mismo sexo, pudiendo sentir indiferencia o repulsión por el sexo opuesto.

b) HOMOSEXUALIDAD ANFÍGENA

Es aquella que implica que el objeto sexual es una persona de uno u otro sexo en forma alternativa e indistinta. El homosexual puede ser casado e inclusive tener hijos y al mismo tiempo, tener relaciones sexuales con otra persona de su mismo sexo.

c) HOMOSEXUALIDAD OCASIONAL

Es aquella que implica que el objeto sexual es una persona del mismo sexo, pero es determinado por condiciones exteriores, ajenas a la verdadera necesidad del sujeto. Este tipo de homosexualidad se da en las cárceles, cuarteles,

---

9 MANZANO, Henry (2015). Psicología de la Adolescencia "Rompiendo Cadenas". Bolívia. Pág. 108.

internados, liceos, etc.

SOCIEDAD Y HOMOSEXUALIDAD

La sociedad conoce poco de los homosexuales, por lo cual se encierra en ciertos prejuicios, ya que se considera al homosexual enfermo, depravado y portador de infecciones de transmisión sexual; no tomando en cuenta que muchos de ellos trabajan como grandes estilistas, como famosos diseñadores de modas, como grandes chefs, etc., con derechos y obligaciones como cualquier persona[10].

En la actualidad muchos homosexuales hablan abiertamente de su vida sexual, dejando de lado el anonimato, amparándose en la Declaración Universal de los Derechos del Hombre y del Ciudadano, la cual, a su vez, se constituye en el pilar de casi todas las constituciones del mundo.

ACTITUD DE LOS PADRES FRENTE A LOS HIJOS

Es muy importante que el adolescente sienta el apoyo de los padres, sea cual fuese su tendencia sexual. Ya sea que dude sobre su sexualidad o sepa realmente que es homosexual.

Es deber de los padres, mostrarles cariño y hacerles saber que no deben sentirse diferentes por su inclinación sexual, ya que la orientación homosexual no es un desorden mental y tampoco es por decisión propia.

Todo esto porque los adolescentes homosexuales pueden aislarse socialmente, separarse de las amistades y los amigos, perder su autoestima y sufrir una fuerte depresión.

Los padres y otras personas necesitan estar atentos a estas señales de angustia, ya que estudios recientes demuestran que entre los adolescentes homosexuales y lesbianas existe un

---

10 CAJÍAS, Huáscar (1997). Criminología. Bolivia. Pág. 138.

alto índice de muertes por suicidio.

CAUSAS

- Una educación sexual deficiente.
- La soledad y la tristeza.
- Los profundos sentimientos de culpa y la falta de autoaceptación.
- La desconfianza y el miedo.
- El narcisismo.
- El excesivo sentimiento de responsabilidad.
- La excesiva sobreprotección de los padres.
- El maltrato sexual en la niñez.
- Falta de modelos sexuales adecuados (de varones y de mujeres) para imitar.
- Experiencias amorosas negativas.
- Reclusión de hijos(as) en internados, cuarteles, cárceles o liceos solo para varones o solo para señoritas.
- Violencia familiar y discriminación sexual.
- Familias machistas o feministas.
- Imitar vivencias y modelos erróneos de artistas homosexuales de renombre.

CONSECUENCIAS

- Discriminación.
- Marginación y aislamiento social.
- Sentimientos de culpa.
- Suicidio.
- Depresión y angustia.

- Rechazo de la familia y seres queridos.

- Ser objeto de burla por parte de sus pares.

- Contagio de Infecciones de Transmisión Sexual.

- Baja autoestima.

- Trastornos de personalidad.

CAPÍTULO VI

LA PROSTITUCIÓN

La prostitución es el oficio más antiguo del mundo, siempre ha existido, existe y siempre va a existir; porque, según Freud, el hombre es un ser sexual que tiene la necesidad de satisfacer y canalizar sus impulsos e instintos sexuales.

La prostitución no es propia de las mujeres, sino también de los varones; porque tanto varones como mujeres son seres sexuales, que de alguna manera tienen la necesidad de canalizar sus impulsos sexuales.

CONCEPTO

La prostitución es aquella actividad comercial por la cual una persona tiene relaciones sexuales con otra persona de igual o de diferente sexo a cambio de un determinado monto de dinero, especie o una dádiva; es decir, que la persona que se prostituye alquila su cuerpo por un tiempo determinado a cambio de una remuneración económica.

La prostitución no es una expresión de amor, ya que se caracteriza por la dominación y posesión del que paga; hace lo que quiere con el cuerpo de la mujer o del varón, de la niña o niño.

SOCÍEDAD Y PROSTITUCIÓN

La práctica de la prostitución es rechazada por la sociedad, deja al margen a quienes la ejercen. Por esta razón, se tiende a disfrazar el comercio sexual con otras actividades anexas.

La prostitución siempre ha sido perseguida por constituir una humillación a la dignidad de las personas, y por favorecer a la propagación de las Infecciones de Transmisión Sexual, además de transgredir los valores morales de una sociedad.

DEPRESIÓN Y PROSTITUCIÓN

La depresión es un estado de ánimo que se da con frecuencia en la adolescencia y se expresa a través del desaliento, tristeza, baja autoestima, rebeldía, impotencia ante los problemas, sobreestimación exagerada, aislamiento, hiperactividad y rápidos cambios de humor. Esta depresión adolescente suele ser transitoria; sin embargo, se debe tener cuidado cuando la depresión es permanente, se la puede considerar como una patología[11].

La vulnerabilidad, que es característica de la personalidad de toda adolescente y mucho más si está **deprimida,** sumada a la ingenuidad de creer en la posibilidad de ganar dinero muy pronto y de manera aparentemente fácil, hace que niñas y adolescentes sean engañadas por gente inescrupulosa, quienes les prometen iniciarlas en el soñado mundo de las modelos profesionales; pero lamentablemente, solo ingresan al mundo de la prostitución.

FAMILIA Y PROSTITUCIÓN

La familia como institución social caracterizada por el amor, comprensión y apoyo, juega un papel importante en el normal desarrollo del adolescente; pero cuando la familia se caracteriza por la presión, por el excesivo control, por la falta de cariño, por el consumo de bebidas alcohólicas, por las

---

11 FELETTY, Antuan (1997). Patologías en la sociedad actual. Ecuador. Pág. 102

excesivas exigencias en el rendimiento escolar, por la discriminación sexual, por la violencia familiar, etc.; esa familia se convierte en un medio negativo y hostil **para la hija,** quien busca salidas alternativas a su frustración; introduciéndose, muchas veces en la delincuencia, consumo de drogas, alcoholismo, suicidio y **la prostitución.**

Entre estas familias tenemos:

1. Familias violentas: Son familias que se caracterizan por el maltrato existente y/o abuso sexual o incesto, por lo cual las adolescentes huyen de sus casas.

2. Familias desintegradas: Son familias que se caracterizan por la ausencia del padre o de la madre (por muerte, abandono, separación, enfermedades, etc.), que genera abandono y falta de cariño en la familia, porque no existe modelos (de padres) que imitar.

3. Familias autoritarias: Son familias que se caracterizan por la represión, control, discriminación, sufrimiento y explotación de los hijos por parte del autoritarismo abusivo del padre o de la madre o de ambos. El padre o los padres manejan a sus hijos a su voluntad, de acuerdo a las ideas (generalmente prejuiciosas) que tienen.

4. Familias negligentes: Son familias que se caracterizan por el desentendimiento y abandono de los padres con respecto a sus hijos; es decir, que los dejan a su suerte. Esto puede ser por abandono, viaje, muerte de uno o ambos padres.

5. Familias explotadoras: Son familias que se caracterizan por la coacción (obligar) de los padres y hermanos hacia algunos miembros de la familia para que se prostituyan. Son familias donde la madre o las hermanas están en el mundo de la prostitución.

DESERCIÓN ESCOLAR Y PROSTITUCIÓN

Estadísticamente está demostrado que los adolescentes que tienen bajo rendimiento escolar o que abandonan sus estudios son más propensas a incurrir en la prostitución. En primera instancia, son presionadas en demasía por los padres debido a sus bajas notas o porque perdieron el año en la gestión anterior, haciendo que la familia sea un medio hostil y negativo. Esto genera, muchas veces, que la adolescente tome decisiones equivocadas como el de huir de casa, para luego ser inducida por proxenetas o madamas (que las cobijan en primera instancia) al mundo de la prostitución.

Es importante puntualizar que el estudio es importante; pero los hijos son mucho más. La ayuda, la orientación y las muestras de cariño funcionan mejor que la presión y la represión.

CAUSAS

Las principales causas para que exista la prostitución son:

- Extrema pobreza.

- Fraccionamiento de la familia.

- Niños de la calle y en la calle.

- Muerte de los padres.
- Disfunciones sexuales como la satiriasis y la ninfomanía.

- Tráfico de menores.

- Falta de valores.

- Bajo rendimiento escolar.

- Pérdida de la autoestima.

- Violencia familiar.

- Presión social.

- Traumas.

- Experiencias negativas en el orden sentimental.

- Antecedente de violación.

- Presión de terceras personas.

- Trabajos informales.

- Tener amigos drogadictos, ladrones o prostitutas.

- Padres drogadictos.

- Crianza por parte de terceros (tíos, padrastros, abuelos o tutores).

CONSECUENCIAS

Las principales consecuencias de la prostitución son:

- Discriminación y exclusión social.

- Explotación y pérdida de valores.

- Aislamiento de la familia.

- Contagio de Infecciones de Transmisión Sexual.

- Tendencias agresivas y violentas.

- Inexistencia de un proyecto de vida.

- Excesiva desconfianza.

- Tendencias autodestructivas.

- Baja autoestima.

- Delincuencia y marginalidad.

- Alcoholismo, tabaquismo y drogadicción.

- Pérdida de valores en cuanto al papel del varón y de la mujer en la familia y la sociedad.

- Tráfico de menores.

- Secuestros (trata de blancas).

* Corrupción.

* Clandestinidad y condiciones infrahumanas.

PERFIL PSICOLÓGICO DE LA TRABAJADORA SEXUAL

La prostituta o trabajadora sexual se siente simplemente un objeto sexual, por lo que su autoestima es baja; deja de quererse, descuida su apariencia personal, llegando a deprimirse a tal punto que incluso puede llegar a graves y profundos trastornos; la locura e incluso el suicidio.

Las trabajadoras sexuales son explotadas por los proxenetas, los cuales las explotan, las golpean y las obligan a tener relaciones sexuales con ellos. También son chantajeadas y extorsionadas por sus proxenetas o madamas quienes las amenazan con mandar fotos a sus familiares, atentar contra la integridad de sus hijos o victimarlas, sin dejar de lado el hacer a la trabajadora sexual dependiente; por lo cual, la inducen primero al consumo de alcohol, para luego introducirla al mundo de las drogas. Por todo esto, la prostituta vive sobresaltada y angustiada[12].

LA PROSTITUCIÓN COMO CANALIZADORA DE LA CONDUCTA SEXUAL

La prostitución siempre ha existido, existe y seguirá existiendo, porque canaliza los impulsos e instintos sexuales de aquellos que tienen una vida sexual poco satisfactoria, sin pareja sexual, problemas sexuales e incluso patologías sexuales.

Este colectivo social busca satisfacer sus necesidades sexuales; por lo cual, recurren a la prostitución, para disminuir el sufrimiento interno que atraviesan debido a sus deseos sexuales reprimidos y poco entendidos.

---

12 MANZANO, Henry (2015). Psicología de la Adolescencia "Rompiendo Cadenas". Bolivia. Pág. 117

Ellos canalizan sus impulsos y apetitos sexuales, acudiendo a prostíbulos, night clubs, casas de citas, masajistas sexuales, etc. Si no hubiera estos centros, aumentaría el índice de violaciones, alteraciones y desviaciones sexuales, y los trastornos de la personalidad relacionados con las perturbaciones sexuales.

Por otro lado, gracias a estos centros donde asisten parroquianos ansiosos de ser amados, por una relación contractual, dinero a cambio de un servicio, se han incrementado los casos de **Infecciones de Transmisión Sexual,** entre ellos el SIDA que es una realidad latente. Lo grave del asunto es que si uno asiste a un prostíbulo o servicios similares, se contagia y transmite esa infección a su esposa(o), enamorada(o) o a una pareja eventual, haciéndose una cadena interminable, en la que muchos inocentes pagan por la vida lujuriosa de otros (as).

También es importante resaltar que si bien el SIDA era la única I.T.S. que no tenía cura, ahora otras I.T.S. han evolucionado; ya que ahora son muy resistentes a los antibióticos más fuertes y por esa razón no tienen cura, tal como el Herpes genital, Hepatitis B y el Virus del Papiloma Humano.

CAPÍTULO VII

INFECCIONES DE TRANSMISIÓN SEXUAL

La existencia de las Infecciones de Transmisión Sexual, representa hoy en día, una amenaza constante y oculta que acecha a los incautos e ignorantes. Las I.T.S. son un problema de salud y pueden ocasionar muchos problemas familiares.

Estas infecciones, también antes llamadas venéreas son engañosas; porque muchas veces la persona infectada no presenta ningún síntoma o signo, ni malestar alguno, hasta varias semanas o meses después de haber tenido el contacto sexual, atacando a hombres y mujeres que tienen relaciones sexuales sin protección o que, en el caso del SIDA, no han tomado las previsiones correspondientes: con jeringas, transfusiones de sangre, objetos punzo cortantes, ni en los periodos de embarazo, parto y lactancia.

Las I.T.S. son producidas por bacterias, virus, protozoos, hongos y parásitos. Existen tratamientos médicos para curarlos, a excepción del SIDA, Herpes, Hepatitis B y el Virus del Papiloma Humano que son incurables.

CLASES DE INFECCIONES DE TRANSMISIÓN SEXUAL

GONORREA

Provocada por la bacteria *Neisseria gonorrhoeae*; tiene un periodo de incubación de 2 a 17 días. Genera esterilidad, parto prematuro, uretritis, epidemitis, cervicitis, faringitis, endometritis, conjuntivitis y vaginitis. Las mujeres embarazadas con gonorrea pueden transmitir la infección al recién nacido durante el parto, produciéndose infecciones en los ojos, aparato respiratorio, ano y vagina.

CHANCRO BLANDO

Provocado por la bacteria *Hemophilus ducreyi*; tiene un periodo de incubación de 3 a 5 días. Genera úlceras dolorosas en los órganos genitales de los hombres y las mujeres.

CLAMIDIA

Provocada por la bacteria *Chlamydia trachomatis*. Genera parto prematuro, uretritis, cervicitis, epididimitis, endometritis, bartolinitis, periheptitis, vaginitis, otitis en niños, neumonía, rinitis y faringitis.

GARDNERELLA VAGINALIS

Provocada por la bacteria *Gardnerella vaginalis*; se da frecuentemente en las mujeres. Genera la vaginosis.

SÍFILIS

Provocada por la bacteria *Treponema pallidum*, genera úlceras genitales, enfermedades cardiovasculares, lesiones óseas y demencia. La mujer embarazada con sífilis puede transmitir esta infección al feto, por lo cual, a menudo, se produce muerte fetal o muerte neonatal. También existen serias probabilidades de que los hijos nazcan ciegos, sordos y con retardo mental; y con anomalías en los huesos, paladar y dientes.

HERPES GENITAL

Provocado por el virus del *Herpes simple;* tiene un periodo de incubación de 2 a 20 días. Genera herpes neonatal, cáncer, meningitis, lesiones en la faringe y los genitales.

HEPATITIS B

Provocada por el virus de la *hepatitis B*; genera infección en los riñones, cáncer del hígado y arteritis.

CONDILOMAS

También llamado verrugas genitales, son provocados por el virus *Papiloma genital*. Genera cáncer vaginal, cáncer anal, cáncer de pene y verrugas en la laringe[13].

SIDA

Provocado por el Virus de *Inmunodeficiencia Humana* (VIH); NO TIENE CURA y genera neumonía, diarrea, parálisis, ceguera, herpes, sarcoma de Kaposi, afecciones neurológicas, pérdida de peso, encefalitis, meningitis, tumores, cáncer, neumonía, estomatitis, esofagitis, etc.

TRICOMONIASIS

Provocada por el protozoo *Trichomona vaginalis;* aparece frecuentemente durante la vida reproductiva. Genera la vaginitis, la uretritis y la prostatitis.

DONOVANOSIS O GRANULOMA INGUINAL

Provocado por la bacteria *Klebsiella granulomatis*; tiene un periodo de incubación de 2 semanas. Las llagas comienzan a aparecer en áreas de contacto, siendo en la mayoría de los casos indoloras; pero posteriormente se convierten en úlceras sangrantes; puede haber mal olor. Se la conoce como la "enfermedad come carne", porque destruye y deforma el tejido genital y provoca cáncer.

CANDIDIASIS VAGINAL

Provocada por el hongo *Candida albicans;* se da más frecuentemente en la mujeres, localizándose en la vulva, vagina y cérvix. Genera bulbo vaginitis.

---

13 CUAUHTÉMOC, Carlos (2000). Free sex. México. Pág. 133.

SARNA

Provocada por el parásito *Sarcoptes scabiel.* Genera como toda I.T.S. falta de apetito sexual.

FLUJOS VAGINALES Y URETRALES

Los microbios que causan los flujos vaginales son los tricomonas, las monilias (hongos) y las bacterias.

Estos flujos vaginales presentan, muchas veces, un mal olor o no son blanquecinas; por lo cual, generalmente las mujeres consultan a un médico.

PEDICULOSIS PÚBICA O LADILLAS

Provocada por el parásito *Phithirius pubis* (piojo del pubis); se transmite sexualmente y a través de ropa de cama, prendas íntimas, sábanas, etc.; y generalmente es contraída por gente que tiene malos hábitos higiénicos. Genera Papilomatosis laríngea en el recién nacido al momento del parto.

SÍNTOMAS DE LAS I.T.S.

- Dolor y ardor al orinar.
- Aumento del deseo de orinar.
- Úlceras, llagas, ampollas o verrugas en los genitales.
- Picazón o ardor en los genitales.
- Fiebre y escalofríos.
- Erupciones inexplicables en la piel.
- Dolores de cabeza, náuseas y vómitos.

FORMAS DE CONTAGIO

Las I.T.S. se contraen a través de:

- Relaciones sexuales.
- Contacto de manos o boca con genitales.
- Recibir sangre contaminada a través de transfusiones,

compartir agujas u otros instrumentos cortantes como hojas de afeitar, cortaúñas, agujas, cepillos de dientes, etc.

• Durante el embarazo, el parto o nacimiento de un bebé (lactancia).

• Besos, si existen ulceraciones en los labios y encías.

FACTORES DE PROPAGACIÓN DE LAS I.T.S.
Podemos mencionar las siguientes:

• El extraordinario movimiento de grandes masas de población en el mundo.

• El desconocimiento de la población e incluso de una buena parte del personal médico sobre la complejidad del diagnóstico y tratamiento de estas infecciones.

• Aumento de la libertad sexual por cambios en la moral y en las costumbres.

• La falta de centros específicos para este tipo de problemas.

TRATAMIENTO
El tratamiento para la cura de una I.T.S. es caro; en algunos casos es difícil, y en el caso del SIDA es imposible.

El tratamiento debe hacerse en pareja, porque no sirve de nada hacerlo individualmente, ya que posteriormente será nuevamente contagiado por su pareja y este círculo vicioso nunca terminará; más al contrario, sus organismos se harán cada vez más resistentes a los medicamentos[14].

RECOMENDACIONES
Creemos que necesariamente se le debe dar una mayor importancia a las I.T.S. como problema de salud pública, dadas las repercusiones a nivel personal (físico, psicológico y

---

14 MANZANO, Henry (2015). Psicología de la Adolescencia 'Rompiendo Cadenas". Bolivia. Pag. 128.

económico), de pareja, familiar y social que traen consigo estos padecimientos.

También se debe informar a toda la población de estos problemas, así como las medidas preventivas de higiene sexual que deberán llevar a cabo las personas activas sexualmente.

Realizar una adecuada limpieza de los genitales después de cada relación sexual.

Entre las medidas preventivas que las personas deben tomar para evitar las I.T.S. tenemos:

- Evitar la promiscuidad sexual.

- Seleccionar adecuadamente a la pareja sexual.

- Utilizar el preservativo o condón durante el coito.

- Realizar una adecuada limpieza de los genitales después de cada relación sexual.

- Efectuar una revisión médica periódica de la salud integral del individuo incluyendo la esfera genital y ante cualquier alteración o sospecha de una I.T.S., acudir al médico especialista (ginecólogo o urólogo).

- Jamás automedicarse, ni aplicarse pomadas o ungüentos.

PERFIL PSICOLÓGICO

El sujeto que sabe que es portador de una I.T.S., cambia de conducta, se deprime y baja su autoestima; ya que en él existen sentimientos de culpa, angustia y remordimientos por no haberse cuidado lo suficiente; por lo cual, se abstiene de tener relaciones sexuales por temor a contagiar a su pareja; siendo ese, el primer paso para la frigidez en las mujeres y la impotencia sexual en los varones.

CAPÍTULO VIII

EL RITMO SEXUAL EN EL MATRIMONIO

En el matrimonio, solo una vida sexual sin inhibiciones ni prejuicios, podrá satisfacer las necesidades sexuales tanto del hombre como de la mujer. Es la única forma de mantener despierto el interés sexual por la pareja.

En los matrimonios, la sexualidad y el ritmo sexual son factores de primordial importancia para el éxito o el fracaso conyugal.

FAMILIA

Es el conjunto de personas con parentesco sanguíneo o legal, que viven juntas. Está compuesta generalmente por el padre, la madre y los hijos; los abuelos, tíos, primos, suegros(as) y cuñados(as), que también forman parte de la familia.

La familia se basa fundamentalmente en el matrimonio donde se contrae una serie de deberes y derechos.

MATRIMONIO

Es la unión indisoluble y perpetúa entre un hombre y una mujer que tiene como fines: la procreación, la educación de los hijos, el amor, la ayuda mutua entre los cónyuges y el débito camal.

VALORES, MATRIMONIO Y DIVORCIO.

El matrimonio debe tener como valor fundamental al amor, que implica siempre pensar en el ser amado, al punto de llegar al olvido de sí mismo; es vivir para el otro, entregar nuestra vida al otro. "El amor de los esposos, como todo verdadero amor se prueba con el sacrificio, a la hora de la enfermedad, del dolor, de la dificultad económica, de la incomprensión social y de tantas otras dificultades que ofrece la vida de cada ser humano".

Pero, lamentablemente, en la actualidad, se han perdido muchos valores que dan lugar a que las personas confundan ciertos conceptos vitales como la libertad con el libertinaje, el ser feliz con el placer del momento, el amor con hacer el amor, y podríamos agregar un largo etcétera[15].

En este fenómeno también caen los conceptos de la familia y el matrimonio que han ido perdiendo su verdadero significado y valor, por lo que el índice de **divorcios** se ha incrementado.

ERROR DE LOS RECIÉN CASADOS

Los casados casa quieren, es un proverbio muy utilizado en nuestra sociedad, para precautelar el bienestar de las familias recién conformadas; pero pese a ello, muchas parejas jóvenes e incluso personas maduras, cometen el GRAVISIMO ERROR de vivir en casa de los suegros, bajo el argumento de ahorrar y mejorar su situación económica, cuando esas primeras semanas y meses son vitales para adaptarse y complementarse en lo sexual a la flamante pareja. Tarde son los arrepentimientos cuando la relación se hace insostenible por la intromisión de los suegros y cuñados, que no están conformes con los imperfectos hijos políticos y cuñados(as); por lo cual, muchas veces se produce el fraccionamiento de esa familia recién conformada.

El respeto y la dignidad, tal vez deberían ser el principal fundamento para vivir separados de la familia de origen, por respeto a los padres políticos (suegros) y a la familia política, que no tienen por qué ver la adaptación y complementación

---

15 MANZANO, Henry (2015). ¿Hijos o enemigos?. Bolivia. Pág. 128.

de la nueva pareja, **en lo sexual,** económico, social y cultural; la nueva pareja debería vivir dentro la intimidad de cuatro paredes y sin testigos, sus **experiencias sexuales.**

Esta decisión también debe ser por **dignidad**; ya que si la pareja tuvo el valor de tomar una decisión tan fundamental como es el de formar una familia, es lógico que también asuman sus responsabilidades, obligaciones y derechos que esta decisión conlleva, y no pedir ayuda antes de nada.

El hecho de vivir solos como pareja, lejos de los padres, implica, a veces, pasar muchas necesidades, porque empezar es difícil; pero también implica valorar el esfuerzo, cariño, trabajo y paciencia de la pareja.

VIOLENCIA FAMILIAR

La familia forma un verdadero grupo social reducido donde la acción de cualquiera de sus integrantes afecta a todos, originando reacciones y contrareacciones. Si no existe armonía en la familia, inminentemente se llega a la **violencia familiar**; y en nuestro país, cada vez, cobra más vidas, sobre todo de niños y mujeres.

Las personas que maltratan no cambian y, por el contrario, ese maltrato va en aumento; nunca disminuye.

La **violencia familiar** es aquella confrontación que va en contra del modo de proceder natural de la familia. Esta confrontación implica peleas, amenazas, insultos, discusiones, agresiones y muerte.

Existen 5 clases de violencia familiar, las cuales son: violencia física, violencia psicológica, violencia moral, violencia sexual y violencia económica.

La violencia sexual se expresa cuando el padre tiene relaciones sexuales con la madre, ya sea por la fuerza o con amenazas (violación); en el maltrato sexual a los hijos debido al sexo que tienen (insultos y agresiones físicas), prostitución infantil y promiscuidad sexual en la familia.

FEMINICIDIO

Es un delito tipificado en el Código Penal que consiste en matar a una mujer en las siguientes circunstancias:

Cuando el autor sea o haya sido cónyuge o conviviente de la víctima, y esté ligado a ella por una relación de afectividad o intimidad. Cuando la víctima se encuentre en situación de embarazo o cuando el hecho haya sido precedido por un delito contra la libertad sexual (rapto, violación), y cuando con anterioridad al hecho de la muerte, la mujer haya sido víctima de violencia física, psicológica, sexual o económica, cometida por el mismo agresor.

Este delito es sancionado con una pena de presidio de 30 años sin derecho a indulto.

EL RITMO SEXUAL Y SUS IMPLICANCIAS

Una de las principales causas para que exista violencia en la familia, es la falta de relaciones sexuales y su **respectivo ritmo,** que implica en la pareja una pseudomoral y prejuicios respecto a las relaciones sexuales y la sexualidad. Esto a raíz de una educación sexual deficiente, excesiva intromisión de los suegros y cuñados, apego a la familia de origen y experiencias sexuales previas poco satisfactorias o simplemente no tener un lugar (cuarto) donde se pueda tener intimidad con el esposo o la esposa.

Cuando una pareja llega a contraer matrimonio o simplemente concubina, lo normal es que todos los días, tenga **relaciones sexuales** por la mañana, a medio día, por la tarde, por la noche e incluso a media noche. **Este ritmo sexual que al principio es acelerado,** poco a poco va perdiendo la frecuencia, porque después ya es dos o tres veces al día y luego solo una relación sexual al día.

Posteriormente, ese ritmo sexual se convierte en tres veces a la semana; luego en dos, y más adelante solo en uno. **Este**

ritmo sexual va perdiendo su frecuencia aún más con el paso de las semanas, meses y años; pero no desaparece, porque es una necesidad vital que tienen los seres humanos en condiciones normales.

El mantener el ritmo sexual implica en la pareja mayor confianza, así como **una experiencia sexual satisfactoria en la pareja.** Genera la fusión de dos cuerpos y dos almas en una.

Si este ritmo sexual se corta por razones de viaje, trabajo, razones sociales o simplemente por razón de enfermedad, habrá serios problemas que incluso pueden llegar a disolver o fraccionar la familia o matrimonio; porque la lejanía, la soledad y la falta de atenciones, pueden generar decisiones equivocadas como la infidelidad[16].

LOS HIJOS Y LA VIDA SEXUAL DE LA PAREJA

La maternidad como hecho biológico y afectivo es, por supuesto, una experiencia de trascendental importancia, no solo para la mujer, sino también para el hombre. El embarazo, el nacimiento y el desarrollo de los hijos suele afectar en muchos casos, las prácticas sexuales de la pareja.

El nacimiento de un hijo modifica la dirección de los impulsos afectivos de la madre; pero esto no debe significar la ruptura de la vida sexual de la pareja; porque es de vital importancia para los esposos.

LA SEXUALIDAD COMO PARTE DE LA FORMACIÓN INTEGRAL

Resulta una tarea inexcusable para el hombre y la mujer de nuestros días plantearse francamente el tema de la sexualidad y sus problemas, para encararlos y resolverlos en el marco de una higiénica y saludable práctica sexual. Las inhibiciones, el

---

16 GARRIDO, Miguel (1995). Terapia familiar. España. Pág. 165.

temor, la culpa, la vergüenza y todos los sentimientos y prejuicios que de alguna manera hayan ensombrecido el conocimiento que el hombre tiene de su sexualidad, deben constituirse con el tiempo en una vieja historia, en una anécdota sin influencia ni poder sobre la conducta sexual.

El sexo no debe ser un tema prohibido. El hombre y la mujer deben conversar de esta temática con la más absoluta naturalidad, sinceridad y amplitud. Los niños deben ser iniciados normalmente en este tema a través de una educación sexual.

CAPÍTULO IX

EL ORGASMO

LA SEXUALIDAD NO DEBE SER UN MISTERIO.

El comportamiento sexual es una función humana sensible, que se expresa en una relación de hombres y mujeres conscientes de sus recursos, conocimientos, experiencias y limitaciones sexuales, para hacerse cargo sin oscurantismos de su vida sexual.

La sexualidad no es un misterio o no debe serlo. Si se nos presenta ingobernable, regida por fuerzas y por impulsos que no logramos descifrar, si reconocemos la permanencia del temor y la culpa ligados a nuestro comportamiento sexual, estamos negando un auténtico conocimiento de nosotros mismos[17].

No se nos escapa, desde luego, que no se termina de la noche a la mañana con una larga tradición que ha hecho de las actividades sexuales un tema prohibido; condenando en general toda práctica que se aparte de un conjunto de normas tan estrictas **como antinaturales.**

EXCITACIÓN SEXUAL

En una relación de pareja, el contacto físico despierta algo diferente, y esto es natural. La ternura se mezcla con vibraciones sensuales y producto de este contacto físico con la pareja surge la excitación sexual.

La excitación sexual puede ser ligera, como la ocasionada

---

17 GOLDBERG, Beariz (2010). Parejas toxicas. Argentina. Pág. 107

por la confortable sensación de un cálido roce, fuerte, como la que nos estremece ante un beso apasionado o profundo, como sucede cuando estimulan tus zonas más sensibles.

Las caricias son el camino imprescindible hacia la relación sexual; si se practican sin límites, pueden causar mucho daño a la autoestima y a la dignidad; pero si se realizan de forma inteligente, fungen como un medidor de qué tan avanzada está la relación, y generan un vínculo de respeto.

La excitación sexual en una relación de pareja y en una relación sexual, es la antesala para llegar al orgasmo femenino como masculino.

ORGASMO

En casi todas las culturas, el orgasmo fue un bien preciado y una meta anhelada como fuente de satisfacción erótica. Considerado como el clímax de la excitación sexual, fue promovido, perturbado, reprimido y censurado.

El orgasmo es una sensación de plenitud, placer infinito, máxima excitación incontrolada y que despierta todas las fibras del cuerpo. El orgasmo permite confundirse con el otro y transformarse en uno solo; es como abandonar nuestro propio cuerpo y sentir que no existe tiempo ni espacio.

Después del orgasmo, al hombre y a la mujer les invade una sensación de placidez, bienestar y afecto mutuo.

ORGASMO FEMENINO

En las mujeres, es bastante difícil comprobar en una relación ocasional o duradera, el auténtico logro del **orgasmo femenino,** ya que sus resultados no son tan evidentes como los masculinos, pues solo puede ser deducido por la exteriorización de su placer. Lamentablemente, estos síntomas no son suficientes, si una mujer está dispuesta a fingir placer, podrá hacerlo de una manera más o menos convincente. Esta situación puede plantearse muchas veces por el anhelo de la mujer de satisfacer completamente al hombre, aunque no sea real.

Muchas mujeres confunden el orgasmo con otras sensaciones placenteras; porque si bien han mantenido una larga relación matrimonial, si se quiere dichosa, y que han creído siempre que esa prolongada y agradable sensación que las ha embargado regularmente en sus contactos sexuales, era un orgasmo, comprenden al final, que no era así, no lo habían experimentado nunca y en definitiva no lo conocían; porque es suficiente alcanzarlo una sola vez para que el intenso placer que produce el orgasmo no pueda olvidarse ni confundirse con otras sensaciones, sin duda alguna, placenteras; pero, nunca tan absoluta y plenamente satisfactorias.

Las leyes del comportamiento erótico femenino durante la relación sexual son, obviamente, diferentes a las masculinas.

Los estudios realizados sobre las estructuras del orgasmo en el hombre y la mujer revelan características diferentes, tanto cualitativa como cuantitativamente, así como también de duración.

El factor tiempo juega un papel importante en los mecanismos de la conducta sexual. Cuando el hombre se excita, se produce rápidamente la erección del pene y una vez introducido en la vagina puede alcanzar el orgasmo en pocos segundos; la excitación femenina, por el contrario, es más lenta en la gran mayoría de los casos, y una vez lograda exige aún, una prolongación de los juegos amorosos, y luego un acompasado movimiento más o menos durable hasta llegar al clímax.

El hombre obtiene un solo orgasmo en una relación sexual, materializado por la violenta eyaculación de su semen. El tiempo del orgasmo masculino es indivisible y realiza una única curva de iniciación, plenitud y descenso. La mujer, en cambio, puede alcanzar más de un pico orgásmico en una curva más prolongada en tiempo, a diferencia de los varones. Con mucha frecuencia se comprueba, además, que la intensidad del placer en la mujer es mayor en relación al hombre, y su satisfacción física más duradera.

Una grata sensación sensualizada les perdura en el cuerpo y suelen reclamar al hombre una posterior atención cariñosa, pero no siempre sexual. El hombre, por el contrario, suele desear un nuevo contacto al poco tiempo de satisfecho el primero. Y aún más.

La materialización del orgasmo en la mujer se expresa a través de un lenguaje compuesto de gestos y sonidos que revelan (simulan a veces) la obtención del goce. Si estas manifestaciones, se complementan con algunos temblores (originados cuando los orgasmos son reales), el hombre con probabilidad habrá satisfecho a la mujer.

Desde luego que la simulación del orgasmo no resulta beneficiosa en ningún caso, ni para el varón, ni para la mujer. Atendiendo a la salud e higiene del comportamiento sexual, resulta mucho más provechoso enfrentar la inhibición que fingir el placer. Cuando, en cambio, la mujer desconoce el orgasmo; es decir, no ha experimentado jamás la plena satisfacción de sus impulsos sexuales, gozando apenas de una serie de sensaciones placenteras, debemos sospechar que el interés por su propia sexualidad se encuentra reprimido, no desarrollado, trabado en sus impulsos por algo, o por varios motivos.

Lo cierto es que, **en principio** y **biológicamente, toda mujer está capacitada para obtener en cada contacto sexual la satisfacción de su deseo.** Si los factores psicológicos del comportamiento sexual bloquean el logro de este placer, es porque nos hallamos en presencia de un disturbio que puede, y debe, ser enfocado y tratado terapéuticamente por especialistas en la materia.

Muchas mujeres suelen creer que las dimensiones de sus vaginas requieren dimensiones equivalentes al miembro masculino. Esto es un tremendo error, porque una mujer con canal vaginal profundo puede obtener el orgasmo con un hombre cuyo pene erecto no alcanza a cubrir totalmente las dimensiones vaginales. Las dimensiones de los órganos sexuales juegan solo un papel relativo en la obtención del placer sexual.

Contra lo que se tiende a suponer, no son las dimensiones generosas de un pene masculino lo que garantiza específicamente el placer sexual de la mujer.

Por el contrario, en algunos casos, es esta desproporción de los órganos, la que contribuye a una perturbación inhibitoria del comportamiento sexual, tanto por sensaciones físicas (por ejemplo, el dolor), como por fantasías ligadas a los contenidos psíquicos de la sexualidad.

Está científicamente comprobado que cualquiera sea la dimensión del órgano de un varón o de una mujer, no es un impedimento para obtener una relación satisfactoria, entre un varón y una mujer.

Para la mujer, la importancia de la obtención del orgasmo es capital, no solo para el desarrollo de las relaciones de pareja, sino también para mantener estabilidad física y emocional. La cuestión se plantea en términos diferentes en el caso del hombre; porque aun cuando sus funciones sexuales registren la presencia de determinados disturbios, es frecuente que logre su orgasmo.

El hombre puede llegar demasiado rápido al orgasmo (eyaculación precoz), mucho antes de lograr la satisfacción de la mujer y, a veces, aun antes de la introducción del pene en la vagina, en el mismo roce o primer contacto de los órganos. Aunque precario y conflictivo, se ha producido el orgasmo con un mínimo de placer físico; en cambio, para la mujer, la insatisfacción es completa.

La obtención del orgasmo femenino exige una serie de etapas previas, equivalentes a las del hombre, aunque en muchos casos, más extensas en su duración. La importancia del juego amoroso, de las caricias erotizantes hasta producir una abundante e indispensable lubricación vaginal es lo primero que debe recordarse en los comienzos de toda relación sexual. Sin esta condición (que el hombre cumple más rápidamente), lograr el clímax femenino puede constituirse en un objetivo inalcanzable. Tras la introducción del pene en la vagina, el hombre y la mujer deberán encontrar un ritmo de movimientos adecuados para regular el tiempo necesario para llegar finalmente al orgasmo.

ORGASMO MASCULINO

El hombre, una vez producida la erección del pene, logrará siempre su orgasmo: en los preludios, en el interior de la vagina o fuera de ella, inducido por las caricias femeninas o de otras maneras. La unión, sin embargo, no garantiza de por sí el orgasmo femenino, y mucho más si el clímax del hombre se produce prematuramente[18].

El hombre o la mujer que se contentan de manera exclusiva con la obtención de su propia satisfacción, sin importarles otra cosa, desconocen en general, la esencia de las relaciones sexuales.

Esta situación se hace más evidente en el hombre por su mayor facilidad para lograr el orgasmo. Pero la satisfacción auténtica y plena se alcanza solo cuando la mujer también logra su placer, y mucho mejor si ambos orgasmos se producen simultáneamente.

---

18 GIRAULT, Pierre (1976). Sexualidad sana. España Pág. 16

Si aceptamos que uno de los orgullos tradicionales del hombre consiste en su propia virilidad, debemos aceptar también que nada conseguirá gratificarlo más, en este terreno, que la capacidad de satisfacer sexualmente a la mujer. Resulta fundamental, con este objetivo, la adecuada regulación del tiempo específico de la relación sexual, atendiendo tanto a las condiciones del comportamiento erótico del hombre como de la mujer.

Normalmente, el tiempo requerido por la mujer para su excitación es bastante más prolongado que el del hombre. Los preludios, entonces, deben tener presente esta característica y demorarse en las alternativas del juego amoroso, en la caricia erotizante, en todos los contactos externos y placenteros que sean necesarios.

El hombre, que mucho antes que la mujer estará ya en condiciones de alcanzar su clímax, debe quizá en esos momentos preocuparse del progreso de la excitación femenina antes que de su propia excitación. Esta etapa de la relación sexual es de gran importancia para el posterior logro del orgasmo femenino. Una vez introducido el pene en la vagina, el hombre está en condiciones de alcanzar su clímax; por lo común, en un par de minutos o antes. La mujer, en cambio, necesitará más tiempo. Para nivelar esta diferencia, resulta conveniente prolongar el juego amoroso hasta que la excitación femenina sea tan intensa que, al concretarse el ingreso del pene del hombre, esté tan próxima al orgasmo como él. Por lo mismo, la mujer también debe contribuir con todas sus posibilidades a la propia excitación, induciendo, si es necesario, al hombre a las caricias y juegos que más la exciten; facilitando así el control del hombre sobre sí mismo y la regulación del tiempo común en busca de sus orgasmos.

A partir del ingreso del pene en la vagina, el hombre y la mujer buscarán un ritmo que les facilite, recíprocamente, la obtención del propio placer. **El hombre debe disminuir su ritmo para evitar que su orgasmo se produzca con anterioridad al de la mujer,** debe saber que esto disminuye, a su vez, la excitación femenina, demorando su orgasmo. La regulación de este tiempo común de la relación sexual, en consecuencia, es responsabilidad común de la pareja.

El hombre, por su parte, cuenta con una considerable cantidad de recursos para autocontrolar el tiempo de su clímax. Es suficiente, muchas veces, evitar el contacto de las zonas más erógenas del hombre (como por ejemplo la base del glande) con el cuerpo de la mujer, mientras se prolonga el juego amoroso; para que la excitación masculina disminuya de intensidad, proporcionando, entonces, un mayor control de la culminación en el orgasmo.

Durante la cópula, un ritmo lento contribuirá también a este objetivo; y lo mismo puede lograrse variando la posición clásica del hombre sobre la mujer. Una posición en la que el ritmo esté más en función de la acción femenina (la mujer sobre el hombre), no solo garantizará la demora del orgasmo masculino, sino también facilitará a la mujer, la obtención de su excitación y posterior orgasmo. El clímax del hombre, en estas circunstancias, no puede inhibirse, pero logra demorarse hasta el momento en que resulta más oportuno.

CAPÍTULO X

TÉCNICAS PARA MEJORAR LAS RELACIONES SEXUALES

CONCEPCIONES ERRÓNEAS SOBRE LA SEXUALIDAD.

Las concepciones que han sostenido que el rol sexual de la mujer debía limitarse a la satisfacción del hombre y a la reproducción, lograron difundir e infundir sus creencias con insospechable eficacia. La tradicional mansedumbre de la mujer ante el hombre, su papel de servicio, su pretendida incompetencia en las gestiones productivas, no solo han servido para concebir un mundo regido según la voluntad de los hombres; sino también, para reducir y desnaturalizar el significado de la sexualidad femenina.

En la medida en que solo importe la satisfacción de la sexualidad masculina, resulta obvio el sometimiento y la represión a los que deberá doblegarse el comportamiento erótico de la mujer[19].

Sin embargo, en este planteamiento unilateral de la sexualidad, los hombres tendrán que reconocer los orígenes de su propia e inevitable insatisfacción. Aun logrando el orgasmo con más facilidad que la mujer, el comportamiento

---

19 FAUR, Patricia (1976). Amores que matan. Uruguay. Págs. 146.

sexual masculino no puede encontrar satisfacción plena en su relación con un comportamiento sexual femenino reprimido o desnaturalizado.

El hombre y la mujer se deben recíprocamente en las funciones sexuales y ninguno de los dos, alcanzará un verdadero placer sin lograr producir, al mismo tiempo, el placer del otro.

MECÁNICA SEXUAL

Partiendo de la premisa de que toda mujer y todo hombre, físicamente sanos, tienen siempre la posibilidad de mantener un contacto sexual normal, en el que los dos alcancen el máximo placer y satisfacción, se debe hablar de la mecánica propiamente dicha de la unión. Mecánica significa, en este caso, **un conjunto de acciones** y **atenciones que una pareja debe efectuar** y **tener presente para obtener una cópula feliz en todo sentido.**

La concepción de la actividad sexual como un hecho rutinario e inmodificable está muy lejos de las ideas de este trabajo, por el contrario, creemos que la imaginación, la inventiva y la voluntad de creciente conocimiento sobre la sexualidad humana, son los aliados indispensables de una sexualidad que aspire siempre al dinamismo, al desarrollo y al placer, antes que a la costumbre y a la insatisfacción.

El riesgo de muchos matrimonios, que concentran grandes expectativas en la sexualidad, consiste precisamente en estereotipar el comportamiento sexual, en transformar la unión de los cuerpos en una función de rutina, alejándola entonces de su pleno significado, que es renovarse constantemente en lo sexual, para hacer feliz al otro.

REDESCUBRIMIENTO DE LA SEXUALIDAD

Para redescubrir permanentemente la propia sexualidad y la sexualidad de la pareja, tanto hombres como mujeres deben buscar renovarse en lo sexual una y otra vez, incansablemente, ya que los resultados serán más que satisfactorios. Superar en cada nueva unión la propia mecánica del comportamiento sexual; es decir, perfeccionar en todo lo posible el desempeño amoroso, intentar todas las experiencias sensitivas con posibilidades de acrecentar la satisfacción sexual recíproca, sin falsos pudores ni fáciles concesiones a una pretendida moralidad que, en definitiva, no es tal, sino una **triste deformación.**

Entre un hombre y una mujer, no deben existir deseos vergonzosos que, en consecuencia, no puedan satisfacerse en el marco habitual de las relaciones sexuales. Cuando estos deseos se presentan y son reprimidos, nos encontramos todavía con efectos de la represión de la sexualidad, con inhibiciones que desvirtúan nuestro comportamiento erótico y que impiden su normal desarrollo.

En las mujeres de carácter apasionado, por ejemplo, el deseo de contacto oral con el órgano masculino es frecuente y absolutamente natural. La práctica de estos contactos, entonces, resulta desde todo punto de vista indispensable para una cabal satisfacción de la mujer, y su rechazo por infundados sentimientos de vergüenza atenta contra el normal desempeño sexual de la pareja.

De igual modo, los hombres que prefieren para la unión íntima posiciones diferentes a las convencionales (el hombre sobre la mujer) no tienen por qué evitarlas, ya que es casi seguro que en el deseo de otras posiciones, existen razones de búsqueda de satisfacción, tanto para él como para su pareja, que las hacen perfectamente lícitas. Son muchos los especialistas que coinciden hoy en que la posición tradicionalmente aceptada como clásica no resulta la más eficaz para una cópula del todo satisfactoria.

Para salir de la rutina conyugal, es importante que se busque otros espacios donde se pueda tener intimidad con la pareja (ducha, cocina, debajo de las gradas, sala, etc.).

LA FALSA MORAL EN LAS RELACIONES SEXUALES

Ni el hombre ni la mujer deben avergonzarse de sus gustos y deseos en el comportamiento sexual. En ellos está implícito el placer de la pareja. Evitarlos, en consecuencia por temor a ofender al otro, por pudor o por los motivos que sean, es negar el sentido de la sexualidad. Y más aún, es dividir la sexualidad en comportamientos posibles y comportamientos imposibles. En la medida en que nos estamos refiriendo a prácticas de absoluta vigencia en casi todo el mundo, esta división no puede resultar de ninguna manera convincente. Por el contrario, un comportamiento sexual disociado, posible con algunas mujeres o algunos hombres, y con otros no, solo puede conducir a la insatisfacción en determinados contactos sexuales; y en última instancia, al fracaso que siempre supone la inhibición de la sexualidad.

CARACTERÍSTICAS INDISPENSABLES DEL COMPORTAMIENTO ERÓTICO

Toda relación sexual tiene características generales e indispensables que hacen de la experiencia sexual satisfactoria o no. Cabe subrayar la importancia que revisten estos aspectos y la imprescindible necesidad del por qué no deben ser olvidados ni menospreciados.

En primer lugar, ante la inminencia de la unión carnal, tanto el hombre como la mujer deben tener presente que, por sus características, la mujer tardará más que el hombre en alcanzar un adecuado grado de excitación. Si el hombre, en la urgencia de su deseo, intenta acortar este preludio, la mujer no debe dudar sobre la conveniencia de insistir en el juego amoroso hasta sentirse efectivamente preparada para lograr el clímax.

La experiencia indica que la duración del juego amoroso, antes de la introducción del pene, no puede ser inferior a los diez minutos, obteniéndose aún mejores resultados si el preludio alcanza, como promedio, los quince minutos. Solo respetando este tiempo de preparación del momento oportuno para la citada introducción del pene, la pareja estará en condiciones de obtener una satisfacción plena. El juego amoroso se basa principalmente, en la estimulación de las zonas erógenas.

Dado que la excitación masculina se presenta rápidamente, el hombre deberá evitar un excesivo contacto de la base del glande (su punto más sensible, cuyo roce continuado puede, de por sí, provocar el orgasmo) con el cuerpo o con las caricias femeninas, salvo que esté seguro de la capacidad de controlar su orgasmo, todo el tiempo que sea necesario.

ZONAS ERÓGENAS Y LA SATISFACCIÓN SEXUAL

Es conveniente señalar que no todas las zonas son igualmente erógenas. Por ejemplo, el intenso atractivo erótico que suelen despertar en los hombres las nalgas femeninas, no debe confundirse con la capacidad efectiva de excitación de la mujer producida por las caricias en estas zonas. Contra lo que podría suponerse, la caricia de los glúteos no intensificará la excitación de la mujer, o por lo menos no lo conseguirá con la rapidez y la eficacia que puede obtener el mismo estímulo en otras regiones.

En consecuencia, el hombre debe tener en cuenta esta relativa clasificación de las regiones erógenas para concentrar su estimulación en ellas, proporcionando así una pronta excitación en la mujer. Suele convenirse que las zonas erógenas por excelencia en la mujer son los genitales, los muslos, el vientre, los pechos, la boca y las orejas. Esto no descarta, por supuesto, otras regiones, y en cada caso, el hombre deberá explorar posibles puntos de incentivación del deseo sexual. Para un alto porcentaje de mujeres, son estas zonas las que responderán más rápidamente a los estímulos, aun cuando las caricias por todo el cuerpo resulten en su medida, también efectivas.

Con esta perspectiva es necesario dedicar un párrafo especial a un importante órgano genital femenino, olvidado por muchos hombres y que ofrece, sin embargo, las mayores garantías en cuanto a la excitación de la mujer. Estamos hablando del clítoris, situado por encima de la vagina, casi en la unión superior de los labios menores, constituyéndose en un punto de vital importancia para el contacto sexual y para la obtención del orgasmo femenino. Si tenemos en cuenta que no es despreciable el porcentaje de mujeres que suelen ser más o menos insensibles al contacto que se produce en el interior de la vagina, pero que, al mismo tiempo, son altamente estimulables merced a los contactos con el clítoris, nos estaremos aproximando a la importancia de este órgano genital.

Ninguna mujer es insensible al contacto de su clítoris. Muchas además, alcanzan el orgasmo solo gracias a este contacto, y aun sin necesidad del ingreso del miembro masculino en la vagina. Se le debe dar una gran importancia al clítoris, porque cuando todos los demás recursos tendentes a conseguir una adecuada excitación de la mujer fallan, el hombre puede confiar sin reservas en la estimulación mediante el contacto digital con el clítoris.

Una vez obtenidos los resultados buscados a lo largo del preludio amoroso, cuando ya la mujer presenta un grado de excitación evidente (cuanto más próximo al clímax mejor), ha llegado el momento de la introducción del pene. Si se han cumplido los requisitos precedentes, la mujer estará tan cerca del orgasmo como el hombre.

Solo falta adecuar los ritmos de los movimientos para lograr una continuidad de este estímulo.

Desde el ingreso del pene en la vagina, el hombre alcanzará su clímax en un transcurso que oscila alrededor de los dos minutos. Si puede aún controlar la precipitación en el orgasmo hasta contar con la certeza de que la mujer llega también a su clímax, entregándose entonces simultáneamente a la satisfacción, el placer será todavía más intenso.

En lo que respecta al comportamiento del hombre, es conveniente reiterar que, producida la erección y el posterior ingreso del órgano masculino en la vagina, la satisfacción del hombre está asegurada. Pero no ocurre lo mismo con la mujer, cuyo tiempo de excitación y posterior logro del orgasmo es considerablemente más extenso.

Por lo mismo, el hombre deberá regular la intensidad de su excitación por todos los medios que le sean posibles. Si los preludios amorosos no son correctamente regulados, el grado de intensa excitación que puede conseguir rápidamente lo llevará sin remedio a un orgasmo prematuro, desde luego satisfactorio; pero decepcionando a su pareja, quien no se sentirá del todo complacida.

El hombre deberá intentar satisfacer igualmente a la mujer; si el orgasmo se ha producido en el interior de la vagina, puede resultar que manteniendo el ritmo de movimientos, la mujer alcance el suyo. Si, en cambio, el clímax se produce fuera, puede apelar a la estimulación digital, tanto de la vagina como del clítoris.

El hombre debe utilizar todos los recursos a su alcance para ir logrando el autocontrol indispensable de su orgasmo. Son frecuentes los casos de hombres que, una vez que introducen su órgano en la vagina, no pueden ya demorar el clímax. En realidad, esto se debe comúnmente a una falta de práctica en este sentido, ya que la regularidad de los contactos sexuales, por sí misma, tiende a regularizar este fenómeno proporcionando al hombre una mayor resistencia a la inminencia del clímax.

Cuando esta dificultad se presenta reiteradamente es conveniente para el hombre evitar, mientras dure el preludio amoroso, el contacto del pene con las manos y la boca de la mujer, y principalmente los roces que comprometan sobre todo la base de su glande. De esta forma, disminuirá la estimulación directa y sostenida del punto más sensiblemente erógeno del hombre, quién podrá enfrentar la introducción con esperanzas de ir regulando su excitación y demorando la eyaculación.

POSICIONES QUE FACILITAN LA SATISFACCIÓN SEXUAL

Es conveniente tener muy en cuenta que existen posiciones para la unión sexual que facilitan una mayor capacidad de autocontrol del orgasmo masculino, con la ventaja, al mismo tiempo, de proporcionar a la mujer la posibilidad de regular el ritmo de la relación en procura de su clímax[20].

La inversión de la posición clásica, es decir, **situándose la mujer sobre el hombre,** resulta no solamente muy satisfactoria para ambos, sino también de las más adecuadas para intentar la regulación del orgasmo masculino en función del orgasmo femenino; ya que el ritmo del movimiento estará impuesto fundamentalmente por la mujer. Presenta, por otro lado, otras ventajas, como por ejemplo; el acceso más libre del hombre a regiones altamente erógenas de la mujer: podrá besar y acariciar alternativamente los pechos femeninos (que en la posición tradicional se hace excesivamente incómodo), y estimular con mayor facilidad otros puntos erógenos, incluido el clítoris.

Cuando el conocimiento del comportamiento sexual es

---

20 GIRAULT, Pierre (1976). Sexualidad sana. España. Págs. 25,26.

recíproco en la pareja y se busca la satisfacción sexual del hombre y la mujer, pueden intentarse nuevas posiciones que, al igual que otras experiencias, servirán para enriquecer el significado de la sexualidad y su práctica, distanciándola de las alternativas lamentables de la rutina.

La lista de posiciones satisfactorias en general no es tan numerosa como se ha pretendido hacemos creer, pero limitarse exclusivamente a la tradicional postura del hombre sobre la mujer es una restricción de todas maneras injustificada. Desde luego, el número de posiciones no se reduce a la tradicional, pero tampoco las combinaciones verdaderamente sensatas y satisfactorias son tantas, como pretenden hacemos creer ciertos autores y manuales de sexología. En última instancia, esas largas enumeraciones no son otra cosa que complicadas variaciones de las posiciones que podríamos llamar originales; son tomadas como base de prácticas fantasiosas que se han ido complicando con el tiempo, disimulando, por así decirlo, su sentido original y resultando **un curioso ejercicio físico** antes que una adecuada postura del hombre y la mujer para una relación sexual.

Para la regulación de estos comportamientos resulta muy aconsejable la posición inversa, es decir, la mujer a horcajadas sobre el hombre para limitar la actividad masculina simplemente a movimientos pélvicos, proporcionando, en consecuencia, a la mujer la posibilidad de imponer un ritmo propicio para alcanzar su clímax.
Este ritmo lento, que el hombre obtiene casi sin acción propia, es lo que le permite demorar considerablemente la precipitación de su orgasmo.

En una posición lateral, el hombre recostado sobre su lado izquierdo y la mujer sobre el derecho, la pierna derecha de la mujer entre las del hombre y la izquierda flexionada y apoyada en la cadera derecha del hombre, proporciona quizá la mayor intimidad posible entre los genitales de la pareja. Es recomendable cuando se desea un contacto muy lento y profundo.

La ventaja de la posición trasera, donde la mujer apoyada sobre manos y rodillas, y el hombre de rodillas con el vientre contra las nalgas femeninas, facilitan la caricia de los senos y la estimulación digital del clítoris una vez producida la introducción. También se puede tomar en cuenta la variante de la mujer acostada boca abajo y el hombre en la misma posición detrás de ella, abrazándola y agarrando sus pechos o besando su espalda y su cuello, o estimulando digitalmente su clítoris, intercalando con la variante de la posición del jinete.

En la posición de la mujer sentada a horcajadas sobre el hombre, y en una de las variantes más eficaces, la mujer sentada e inclinada hacia atrás, con las piernas sobre los hombros del hombre, se logra un ingreso de gran profundidad del órgano masculino y se facilita la posibilidad de estimular otras regiones erógenas de la mujer.

Como se verá, no se ha inventado mucho más, a partir de estas posiciones originales. Sin embargo, conviene tener presente que todas las modificaciones que se introduzcan en cada una de ellas, cuando tienen por objeto atender a las características físicas del hombre y la mujer, o a la obtención de una mayor comodidad para el logro del placer sexual de los dos miembros de la pareja, serán siempre correctas.

CAPÍTULO XI

INTELIGENCIA SEXUAL

ANTECEDENTES

Si bien **Howard Gardner** plantea la "**Teoría de las Inteligencias múltiples**", postulando la existencia de 8 tipos de inteligencia: la espacial, la musical, la lógico-matemática, la lingüística, la corporal-kinestésica, la intrapersonal, la interpersonal y la naturalista; **Daniel Goleman** postula la existencia de una **inteligencia emocional**[21].

A partir de estas investigaciones podemos establecer que **la inteligencia sexual**, es sin duda, una realidad, que causará una revolución en la manera de concebir las relaciones de pareja; ya que posibilitará el hecho de **vivir una sexualidad plena** y **satisfactoria**.

La estructura de esta inteligencia está compuesta por los conocimientos sobre la sexualidad y la conciencia del **Yo sexual**.

El Yo sexual, se refiere a los antecedentes y **tendencias sexuales** de la persona: **"qué le gusta y estimula sexualmente a partir de sus experiencias sexuales previas y tendencias"**. Entonces la inteligencia sexual está constituida por una educación sexual y el Yo sexual que generalmente es secreto, que permanece oculto y

---

21 MANZANO, Henry (2015). Psicología de la Adolescencia "Rompiendo Cadenas". Bolivia. Pág. 213.

no se lo muestra por el que dirán los demás. El verdadero Yo sexual es reprimido por las normas morales y sociales de nuestra sociedad.

La inteligencia sexual puede ser cuantificada en una especie de **coeficiente sexual.**

ESCLAVOS DEL PREJUICIO

Nuestro Yo sexual está contaminado por los prejuicios sobre la sexualidad de nuestra sociedad, presentes en la televisión, la escuela, la familia, el entorno de amigos y la sociedad en pleno.

Si dejamos que los mitos interfieran en nuestra inteligencia sexual, nos volveremos sexualmente torpes, reprimidos, inhibidos y no podremos distinguir cuándo un encuentro responde a la atracción sexual, al amor o a la necesidad de huir de la soledad. En el otro extremo se encuentran los sexualmente inteligentes: hombres y mujeres que viven en armonía con sus deseos y necesidades sexuales, superando los prejuicios y mitos sobre el sexo y la sexualidad.

Según estudios realizados, solo el 30 % de las personas cree tener una vida sexual satisfactoria, mientras que el 70 % cree ser incapaz de conseguir un orgasmo. Ante esta situación surge un cuestionamiento: ¿puedo potenciar mi inteligencia sexual y llevar una vida sexual plena? Los especialistas coinciden en asegurar que sí.

EL SER HUMANO Y SU SEXUALIDAD

Una gran cantidad de personas sienten algún grado de insatisfacción con su vida sexual, pero no lo admiten, y al no reconocer el problema, no consiguen resolverlo. Esto sucede porque se sigue considerando a todo lo referente a la sexualidad como tabú y seguimos sin hablar lo suficiente con nuestra pareja acerca de nuestros deseos y necesidades sexuales.

Es una manifestación de la inteligencia sexual saber distinguir cuando nos atrae una persona en concreto, si es realmente amor lo que sentimos, si es una simple atracción sexual, una mera necesidad de no sentimos solos o incluso una tendencia a compensar otras necesidades reprimidas; como cuando se busca en el sexo la sensación de sentirse poderoso y dominar como compensación de complejos de inferioridad ocultos.

Es evidente que tener claras estas cosas puede repercutir muy favorablemente en la relación que establezcamos, en nosotros y en los demás. Otra de sus manifestaciones es la de **ser conscientes de las consecuencias positivas o negativas de nuestro comportamiento sexual.**

Si bien la sexualidad está ligada a los instintos, también lo está con la inteligencia; ya que la dimensión erótica de cada persona está determinada por su coeficiente de inteligencia sexual, que constituye una parcela muy importante de nuestra capacidad intelectual. Ser sexualmente inteligentes y tener una vida sexual mejor, no depende de la suerte o de la belleza, sino de habilidades que las personas pueden adquirir, desarrollar y dominar con el tiempo. El buen amante no nace, se hace.

LA INTELIGENCIA SEXUAL Y EL MUNDO ERÓTICO

Los últimos descubrimientos han revelado que la inteligencia sexual es una **"Súper Inteligencia"**, ya que combina y expresa a los otros tipos de inteligencia, como son: **la creativa, la personal, la social, la emocional, la física, la sensorial, la numérica, la espacial y la verbal.**

Los impulsos sexuales están en nuestro cerebro y no solo a nivel genital. Es una energía que conduce todos nuestros recursos intelectuales y físicos en favor de la supervivencia de la raza humana.

Gracias a la inteligencia sexual podemos abrimos al **mundo erótico** y **disfrutar** mucho más junto a nuestra pareja y ver esta actividad como algo natural, con el fin de obtener el mayor placer y experimentar una relación sexual satisfactoria[22].

Para disfrutar de nuestra sexualidad, no solo importa lo que hacemos, sino la actitud que asumimos, que es algo propio e individual; por lo que debemos conocemos muy bien y responsabilizamos de nuestra felicidad, para poder encontrarnos con el otro. A una persona sexualmente inteligente no le basta con disfrutar del sexo, sino que necesita sentir que su pareja ha quedado satisfecha.

La inteligencia sexual busca desarrollar habilidades que llevan a una mejor vida sexual, sin prejuicios ni falsos mitos. La inteligencia sexual considera que se debe aprender a ser sinceros con nosotros mismos y con nuestra pareja, **sobre quienes somos realmente en lo sexual.**

RECOMENDACIONES PARA DESARROLLAR LA INTELIGENCIA SEXUAL

Se debe tomar en cuenta lo siguiente:

1. El primer elemento para lograr habilidad en lo sexual, consiste en adquirir conocimientos científicos sobre la sexualidad humana. Estas investigaciones guían sus decisiones y su conducta sexual. Solo con una buena educación sexual es posible enfrentar los mitos y tabúes sociales, religiosos, culturales y familiares que se arraigan en la mayoría de las personas.

---

22 PERAZO, Amanda (2011). Sexología Forense. Venezuela. Pág. 173.

2. Luego de haber trabajado las creencias limitantes con respecto al sexo, una persona inteligente sexualmente llega a un conocimiento profundo de sí mismo para comprender, conocer y liberar su "Yo sexual". Esto es averiguar qué nos atrae y excita, qué preferimos y cuáles son los aspectos de nuestra conducta erótica que nos plantea dificultades.

3. La inteligencia sexual no trata solo de que uno llegue al clímax y listo, se trata de establecer una conexión con la pareja de modo tal que ambos disfruten; por eso se debe compartir conocimientos y transmitir la visión que se tiene del sexo y la sexualidad, para que juntos puedan dar un paso más en su vida sexual.

4. El placer sexual siempre puede ser mayor, la conexión siempre se puede mejorar; así como el inteligente emocionalmente que trabaja constantemente para superarse; quien persigue la inteligencia sexual tiene claro que el mundo íntimo es infinito y que junto a su pareja buscan romper la rutina.

5. Aprende a hablar con tu pareja acerca del sexo y la sexualidad, no hay tema incómodo. La inteligencia sexual busca justamente la comunicación libre acerca del tema; por eso, si algo no funciona, si piensas que puede ir mejor, simplemente comunícalo. Una persona con inteligencia sexual disfruta del acto sexual y no teme decirlo.

6. Trabaja para mejorar las capacidades de tu propio cuerpo, realiza alguna actividad que te haga sentir bien, que te permita reducir el estrés, el cansancio y estar más animado para el sexo; este aspecto es parte importante del proceso.

7. Disfruta de tu cuerpo y del cuerpo del otro; deja a un lado los incómodos tabúes y las ideas que bloquean tu

mente, ya que solo te alejan del placer. El sexo es para vivirlo y disfrutarlo de forma saludable.

8. El último pilar de la inteligencia sexual habla de la capacidad para relacionarse con los demás. Para ser una persona satisfecha sexualmente hay que tener desarrolladas previamente una serie de competencias y habilidades sociales, de conexión e intimidad con los otros.

TEST DE INTELIGENCIA SEXUAL (Responde SI o No)

1. ¿Te sientes libre y muestras disposición para tomar la iniciativa sexual?

2. ¿Hablas libremente con tu pareja sobre sexualidad?

3. ¿Te sientes utilizado(a) sexualmente a menudo?

4. ¿Consideras que la mayoría de los contactos sexuales, sean de una noche o con tu pareja de toda la vida, resultan gratificantes para ambos?

5. ¿Mantienes contactos sexuales con la frecuencia que desearías?

6. ¿Crees que tu pareja es demasiado egoísta y solo busca su placer?

7. ¿Después de alcanzar el orgasmo tienes deseo de permanecer al lado de tu pareja?

8. ¿Consideras que tus relaciones son demasiado monótonas o rutinarias?

9. ¿Cuando tienes pensamientos sexuales torcidos o practicas la masturbación, te sientes culpable?

10. ¿Consideras que los rituales sexuales que prácticas son los que deseas?

11. ¿Aceptas determinadas iniciativas de tu pareja, pero después crees que está demasiado liberada?

12. ¿Piensas que la mayoría de la gente tiene una sexualidad más gratificante y plena que la tuya?

RESULTADOS

Preguntas 1, 2, 4, 5, 7 y 10, cada SÍ suma un punto.

Preguntas 3, 6, 8, 9, 11 y 12, cada NO suma un punto.

NIVEL DE INTELIGENCIA

0-2 puntos: Deficiente; 3-4 puntos: Insuficiente; 5-7 puntos: Aceptable;

8-10 puntos: Alto; 11-12 puntos: Excelente

CAPÍTULO XII

LO QUE NUNCA SE DICE DE LA SEXUALIDAD CICLO VITAL

Siempre nos han enseñado que el ciclo vital de los seres humanos es nacer, crecer, reproducirse y morir; pero eso lo hacen las plantas y los animales. El ser humano tal vez debería replantear este ciclo vital por un nacer, crecer, producir, disfrutar, reproducir y morir.

El nacer implica descubrir un nuevo mundo; **el crecer** implica estudiar, trabajar y vivir; **el producir** implica aportar al país desde donde nos toque aportar (como docentes, artesanos, militares, empresarios, etc.); **el disfrutar** implica gozar de todo lo que se ha hecho y producido; **el reproducirnos** implica tener pareja sexual (para obtener placer sexual) y procrear hijos, que son el legado de los padres a la sociedad y al mundo. Para tener buenos hijos es necesario ser feliz como pareja (esto implica una vida sexual plena y satisfactoria); y por último, está **el morir** que implica dar fin a nuestra existencia, pero con el deber cumplido (haber dejado huella en nuestra sociedad y el mundo).

Lamentablemente, en nuestro medio muchos adolescentes y jóvenes, quieren reproducirse y disfrutar antes de crecer y producir; razón por la cual, se puede ver **niñas madres** cargando a sus niños, a **niños padres** jugando aún en los tilines, pero ya con responsabilidades.

Todo tiene su momento, los adolescentes y jóvenes, pese a que tienen las hormonas exaltadas, deben esperar su momento, no desesperarse por supuestamente querer disfrutar de las relaciones sexuales, sin medir las consecuencias, como ser: los embarazos no deseados, abortos, rapto, contagio de ITS, feminicidios, violencia familiar, procesos judiciales (asistencia familiar, tenencia, abandono de mujer embarazada, reconocimiento ad vientre, entre otros), dependencia económica y sexual, etc. La **búsqueda de placer se convierte en la peor de las pesadillas.**

EMBARAZOS NO DESEADOS.

Alguna vez, alguien decía al mejor cazador se le escapa la liebre y al mejor amante se le escapa unos cuantos espermatozoides, y esto es algo que entre las probabilidades puede suceder, y cuando pasa, cambia la vida de las personas (los que aman demasiado); porque o bien asumes tus responsabilidades por las buenas o asumes tus responsabilidades por las malas (procesos judiciales). Lo grave del asunto es que solo fue una vez y la relación sexual duró poco y rápido, solo fue una escapada, una aventura; pero tuvo efectos (un embarazo no deseado), y muy tarde se preguntan los que creen ser buenos amantes, los que creen saberlo todo sobre el sexo y la sexualidad; ¿cómo paso?, ¿y ahora, que haré? Los embarazos se pueden dar, ni siquiera introduciendo el pene en la vagina; basta con una eyaculación precoz o no, alrededor de los labios mayores o menores de la vagina.

Un embarazo ya sea planificado o no, siempre trae efectos jurídicos y cambia la vida de las personas; y aunque al principio trates de negar esta situación o no quieras asumir tu responsabilidad, siempre habrá alguien que te recuerde que eres padre o madre o que dejaste a tu pareja embarazada o con los hijos por irte por la vida con ese otro o esa otra.

Si bien existen diversos métodos anticonceptivos, se debe

tener en cuenta que el único método anticonceptivo más seguro, más confiable, más infalible, más barato y que da más placer es el **anillo de matrimonio** (obviamente si este se ha consumado por un verdadero amor, no por obligación). **Todo está bien mientras no exista un embarazo no deseado.**

EFECTOS JURÍDICOS QUE SURGEN DEL NACIMIENTO DE LOS HIJOS

El nacimiento de los hijos siempre genera efectos jurídicos, porque crea derechos y obligaciones en los padres; si bien muchos al principio no quieren asumir sus responsabilidades, luego judicialmente igual participan de un proceso judicial cargado de odio y rencor, no solo de pareja, sino incluso de familias. Judicialmente se define la asistencia familiar y la tenencia de los hijos. Si uno no quiere reconocer a los hijos, igual se los inscribe con testigos y con los apellidos del supuesto padre. Si la madre está embarazada, existen los procesos judiciales de reconocimiento ad vientre, se lo inscribe igual; para posteriormente obligar al padre, declarado en rebeldía, con la asistencia familiar.

Lo económico siempre es causal de pelea entre los excónyuges. Uno siempre pedirá más y el otro siempre buscará dar menos.

Si se da el caso, de que uno de los excónyuges rehaga su vida y forme una nueva familia, la ex dirá: **"él feliz y yo, que me muerda el perro"**, **"si yo no soy feliz, él tampoco";** obviamente no pasa en todos los casos, pero ocurre. Por esa razón, la ex o el ex viene a la casa donde vives feliz con tu nueva pareja o te llama constantemente solo para hacerte pelear o definitivamente para que no vivas bien con tu nueva pareja.

También se puede dar el caso que un día golpeen tu puerta y te digan: "usted tiene un proceso de asistencia familiar"; y el mundo que habías construido, tal vez empiece a desmoronarse.

En los procesos familiares de asistencia y de tenencia, conoces verdaderamente a tu expareja, su formación y sus tendencias; pero hay que tomarlo con calma, todo es por las circunstancias del momento; no juzgues y no hieras con el veneno de tu lengua, porque todo puede pasar más adelante, incluso la reconciliación.

LOS PECES GRANDES Y LOS PECES CHICOS

Los varones siempre piensan que son los peces grandes y gordos, que tienen la última palabra en sus relaciones de pareja, pero con tristeza se dan cuenta que desde un principio fueron manipulados y cazados, por alguien con **mayor experiencia sexual,** y que solo en el matrimonio se sacó la máscara, resultando ser una bruja y no la princesa que conoció. Incluso llegó a embarazarse, solo para que este pobre inocente cumpla con sus obligaciones o en el peor de los casos, le dijeron: "no estoy en mis días fértiles, así que no hay ningún problema", "no estoy acostumbrada a los preservativos, pero quiero estar contigo", "por qué quieres usar el condón, acaso no estás seguro de lo que sientes por mí", entre otras cosas. También puede que su pareja le haya mentido sobre un supuesto embarazo, solo para ver su reacción, o para que el varón adquiera mayor confianza y diga: "si está embarazada, entonces no es necesario que me cuide", y luego venga un verdadero embarazo.

Si bien es cierto que en la mayoría de los casos los hombres abandonan a las mujeres, eso no quiere decir, de ninguna manera, que siempre suceda eso. Nadie puede señalar que es un pez grande y que no corre ningún peligro, esto es una gran mentira; porque siempre habrá un pez más grande, más gordo y **más goloso,** que le guste comerse peces de tu tamaño o, mejor dicho, no importa el tamaño que tengas. En lo sexual, el tonto te hará lo que el supuestamente inteligente sexual no te hizo; y mucho más si eres superficial, si solo te importa el aspecto físico de las personas del otro sexo o del mismo sexo.

INFECCIONES DE TRANSMISIÓN SEXUAL

Es lindo hacer el amor, fantástico diría yo, con una pareja que por sus caricias y cualidades físicas te excite, te haga vibrar hasta llegar al orgasmo, porque es un(a) gran amante; pero la pregunta del millón es: ¿tú lo(a) conoces verdaderamente?, ¿tú conoces sus antecedentes sexuales? y ¿por qué quiere tener relaciones sexuales contigo?

Son preguntas que deberían hacerse muchos y muchas, porque el peligro de las Infecciones de Transmisión Sexual siempre está vigente y acechando a víctimas incautas.

Basta una relación sexual y estás contagiado; y ahora no digas que solo el SIDA no tiene cura, porque eso, hoy en día, es una gran mentira; porque las otras Infecciones de Transmisión Sexual han evolucionado, se han hecho más resistentes a los antibióticos, y mucho más a la penicilina. Ahora son incurables, desaparecen y vuelven a aparecer; **pero ya jamás desaparecen** como el Herpes genital, Hepatitis B y el Virus del Papiloma Humano (verrugas genitales).

Lo peor del asunto es que se contagia a la pareja, ya sea enamorado (a) o esposo (a), y solo fue por una aventura y por una sola vez. Se pierde el apetito sexual porque hay sentimientos de culpa por no haberse cuidado lo suficiente, y la pareja te pregunta: ¿por qué no quieres tener relaciones sexuales conmigo, qué has hecho, qué está pasando? y tú nunca responderás: "tuve una aventura y me contagie de una I.T.S." o "fui a un prostíbulo y me contagie de una ITS". Es difícil esa situación, si se llega a saber la verdad por boca propia del o la culpable; se puede llegar a romper con la pareja, a la violencia y fraccionamiento familiar y los traumatizantes divorcios en el caso de los matrimonios. Eso tal vez sería lo de menos, lo peor es que los hijos ven estas miserias humanas y sufren; si hay embarazo de por medio, **un inocente angelito paga las consecuencias**; ya que en el caso de la sífilis, se transmite al hijo esta infección y que el nuevo ser puede llegar a nacer sordo, mudo o ciego. En algunos casos pueden llegar a ser sordomudos.

EL CONSUMO DE BEBIDAS ALCOHÓLICAS Y LAS VIOLACIONES

Hoy en día se habla mucho de las violaciones a niñas, niños, adolescentes, jóvenes y adultos (casi siempre mujeres). En muchos casos hay un común denominador, que es, sin lugar a dudas, el consumo de bebidas alcohólicas.

Si varones y mujeres se juntan para beber, **cualquier cosa puede suceder**; estamos hablando de las violaciones, porque cuando uno está ebrio el **Ello** de Freud se expresa libremente, bajo el liderazgo de los **impulsos e instintos sexuales** para crear problemas. Si bien algunos varones y mujeres ya saben lo que va a pasar (violaciones, infidelidades, aventuras amorosas), no saben cómo va a terminar y cuáles van a ser las verdaderas consecuencias de su proceder.

Antes las mujeres intentaban cocinar igual que mamá, pero ahora en la actualidad algunas mujeres **intentan beber como papá;** es decir, de manera desenfrenada bajo la bandera de una falsa libertad y de una igualdad de derechos, que puede convertirse para ellas en una verdadera pesadilla; porque los varones avanzan hasta donde las mujeres les permiten y en estado de ebriedad las mujeres permiten que los varones avancen hasta donde quieran, y mucho más si algunas mujeres consumen y consumen sin erogar gasto alguno; pero como nada es gratis, los varones buscarán la forma en que ellas puedan pagar (sexualmente).

LA IMPORTANCIA DE LO ECONÓMICO EN EL AMOR

Es más fácil que las personas olviden al ser querido que falleció, que los bienes económicos que tenía; es más fácil que olviden a la expareja que el dinero que tenían juntos. Los amores terminan rápido sin dinero, a las mujeres les interesa más lo económico que las relaciones sexuales con la pareja, el sexo es complementario; en cambio a los varones les interesa más tener relaciones sexuales que lo económico. En cualquier caso no debe haber dependencia económica, ni de la mujer ni mucho menos del varón. Como la vida es relativa, si dependemos de alguien qué haremos cuando ese alguien ya no exista, sufriremos y lo peor de todo, haremos sufrir a los hijos.

Por dinero algunos hombres y mujeres matan a sus parejas, para venderlo todo (lo que tenían) e irse con sus amantes; en algunos otros casos, los amantes (esposo(a) y amante) matan al esposo o esposa.

El ideal de vida es tener dinero y relaciones sexuales, o podríamos decirlo de mejor manera, el ideal de vida es tener mucho dinero y muchas parejas sexuales **(la monogamia no es lo normal para el ser humano),** pero la sociedad reprime esas tendencias; es por eso que lo prohíbe y lo sanciona, creando normas. En nuestro país la bigamia es un delito, pero eso no quiere decir que los varones y mujeres se sientan contentos con esa situación (monogamia).

LAS PAREJAS CRIMINALES

En las parejas criminales heterosexuales generalmente el varón es **el súcubo,** el autor material de los delitos y las mujeres son **el íncubo,** la autora intelectual de los delitos.

Esto nos indica que las mujeres planifican los delitos y los varones lo consuman. Obviamente esto no es una regla.

En la pareja criminal existe afectividad, pero sobre todo relaciones eróticas y sexuales, como una necesidad que se debe satisfacer. Existe dependencia sexual, a partir de la cual se manipula a la pareja.

La mujer conoce perfectamente las necesidades afectivas y sexuales de su pareja, por lo cual utiliza inteligentemente este factor para manipularlo o viceversa. Satisface sus necesidades sexuales (le da amor), pero también puede llegar a golpearlo (le da dolor).

Si bien los amores prohibidos son más intensos que los permitidos, las consecuencias son funestas, más que todo para los hijos; es por eso vital que el ritmo y la intensidad sexual no desaparezca en la pareja (casados).

Las relaciones sexuales los hacen **dependientes** uno del otro, actúan como verdaderos animales sexuales, copulando.

LOS HIJOS Y LA VIDA SEXUAL DE LOS PADRES

Si no fuera por los hijos, aumentaría el índice de infidelidades. Definitivamente los varones y mujeres renuncian a aventuras eventuales por respeto a los hijos, no por los esposos ni por las esposas, sino por los hijos. Los hijos se convierten en esposos sustitutos de la madre y las hijas en esposas sustituías del padre.

Los hijos no deben ser una causa para que el ritmo sexual en la pareja desaparezca, pero eso sí, deben buscar espacios para tener esa intimidad de pareja. Si la familia vive por cuestiones de deficiente economía en un único ambiente, deben realizar la división del mismo, con cortinas, persianas o una pared falsa, buscando privacidad para todos, para padres e hijos.

Los hijos no deben ser testigos de la adaptación, ritmo y vida sexual de la pareja de concubinos o esposos, porque esto repercute en el normal desarrollo de su sexualidad.

CAPÍTULO XIII
NEUROSEXUALIDAD

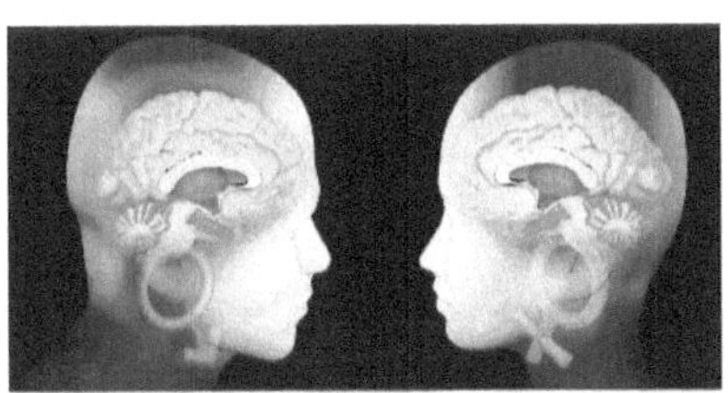

Este término hace referencia a la relación que existe entre la mente y la sexualidad. La investigación en el área psicosocial en los últimos años demostró la interacción entre el aspecto sexual, con el psicológico y el social.

El aparato sexual masculino está constituido por órganos externos e internos, entre los primeros se describe a: El pene, los testículos y el epidídimo y los internos por: La próstata, los conductos deferentes y las glándulas bulbouretrales.

De forma similar el aparato genital femenino está constituido por el útero que es el órgano que aloja al futuro bebé, las trompas de Falopio que conecta el útero con los ovarios donde se producen los óvulos y la vagina que alberga en el coito al órgano sexual masculino. La constitución externa de este sistema genital está conformada por el clítoris, la vulva, los labios genitales y la uretra.

ESTRUCTURA CEREBRAL

El cerebro es la estructura que se encuentra dentro del cráneo, en una persona adulta tiene un volumen aproximado de 1.100 cm3 contiene 80 mil millones (80.000.000.000) de neuronas, este órgano se encuentra suspendido por el líquido cefalorraquídeo (LCR) que se encarga básicamente de protegerlo a modo de amortiguación de posibles traumatismos externos así como a la presión que se ejerce dentro del cráneo. El cerebro en una persona adulta tiene un peso aproximado de 1.4 kg., está constituido por los hemisferios cerebrales (telencéfalo) situados uno a la derecha y otro a la izquierda, ambos están unidos por una estructura denominada cuerpo calloso y se encuentran cubiertos por la corteza cerebral, en la región inferior del cerebro se encuentran la estructuras subcorticales que comprenden el hipocampo, el bulbo olfatorio y los ganglios basales. En la parte inferior del telencéfalo se localiza el tronco cerebral y detrás de este último se encuentra el cerebelo.

Desde la niñez, los cerebros del hombre y la mujer, si bien en contexto son iguales en cuanto a funcionamiento general, tienen diferencias estructurales mínimas pero significativas. El cerebro en las niñas madura entre 1 a 3 años antes que de los hombres, de la misma forma en que físicamente la mujer tiene un desarrollo físico en la adolescencia que se produce más antes que en el sexo opuesto, con el paso del tiempo, los hombres desarrollaran altura y contextura mayor que la mujer.

EFECTO DE LAS HORMONAS SEXUALES EN EL CEREBRO

Las hormonas sexuales están presentes en nosotros durante toda nuestra vida, estas son producidas incluso desde antes del nacimiento en los ovarios en la mujer y en los testículos en el hombre, estas hormonas son denominadas en general esteroides, las hormonas femeninas se denominan: Estradiol y progesterona, y la hormona masculina es la testosterona. Tanto la mujer como el hombre contiene ambos grupos de hormonas, con la diferencia de que la mujer tiene 10 veces más hormonas femeninas que el hombre y este a su vez tiene 15 veces más testosterona que la mujer.

A pesar de la diferencia que existe a nivel hormonal entre ambos, el deseo sexual conocido también como líbido, es constante entre ambos géneros , sin embargo el deseo sexual en la mujer y en el hombre son diferentes, en la etapa ovulatoria que corresponde aproximadamente a la mitad del ciclo menstrual, la mujer tiene una mayor búsqueda de una relación sexual, en cambio que el hombre no tiene variaciones en cuanto a su deseo sexual, este se mantiene constante debido a la testosterona y otros factores tanto biológicos como ambientales.

Desde el punto de vista social y cultural las mujeres en general tienen un deseo sexual igual en cuanto a intensidad que el hombre, pero este deseo es levemente neutralizado por el temor al embarazo o a un posible fracaso sentimental, en tanto que el hombre actúa más por impulsos.

NEUROTRANSMISORES EN LA SEXUALIDAD

Se denominan así a las substancias que se generan en el cerebro y cuya función es la de transmitir señales e intercambio químico de una neurona a otra. Existen varios neurotransmisores cuyo estudio se profundizó desde 1980, hasta ahora se calcula que existen como 60 neurotransmisores, pero en relación a la sexualidad solo algunos de ellos intervienen.

En la primera fase de la atracción física, se activan la testosterona masculina y los estrógenos femeninos, que son las bases químicas primarias, estas se encargan de hacer un reconocimiento facial y corporal de la persona especial que nos atrae, en consecuencia la atracción física es básicamente sexual , la siguiente etapa es la del enamoramiento que se basa en pérdida del apetito, insomnio, anhelo de ver a la persona amada , soñarse con la persona amada, manifestaciones físicas como latido cardiaco acelerado , sudor en las manos, tropezarnos en el momento justo en que se encuentra ante la persona deseada. A pesar de lo descrito, para tener relaciones sexuales no necesariamente se tiene que estar enamorado, depende de muchas circunstancias como el ambiente cultural donde se vive, el contexto social o la forma de ser y pensar que es propia de cada persona y que no necesariamente está mal. Sin embargo, para las relaciones sexuales debe existir la atracción como parte fundamental.

DOPAMINA

Neurotransmisor liberado en el hipotálamo, se relaciona con funciones motrices, las emociones y los sentimientos de placer, participa en el comportamiento, la motivación y la recompensa, el sueño, el humor, la atención, se relaciona la misma con el placer produciendo sentimientos de gozo y refuerzo, puede incrementar la posibilidad de una adicción a substancias como alcohol, drogas sintéticas o actividad sexual.

Cuando los niveles de dopamina son óptimos la persona encuentra motivación para cualquier actividad, su relación con los demás es buena incrementando su sociabilidad, el deseo sexual se incrementa, hace que la persona tome riesgos. Si sus niveles son bajos la repercusión será tener desgano, desmotivación, mayor probabilidad de sentirse deprimido, el deseo sexual será bajo y se presentara disfunción sexual que se entiende como imposibilidad de tener relaciones sexuales.

Al tener un orgasmo los niveles de dopamina se elevan inmediatamente, para luego descender bruscamente terminada la relación sexual.

La dopamina se eleva cuando una persona se encuentra enamorada, la sola presencia cercana de la persona anhelada hará que se incrementen los niveles de dopamina en el cerebro produciendo alteración de la frecuencia cardiaca, incremento de la frecuencia respiratoria, paradójicamente la dopamina también se eleva   cuando se consume substancias como la cocaína haciendo que la persona se sienta motivada, desinhibida e hiperactiva, en las enfermedades psiquiátricas como la esquizofrenia cuyo sinónimo es locura , los niveles de dopamina también se encuentran elevados , de forma que se puede decir desde un punto de vista bioquímico , que el sentirse enamorado es similar a sentirse un poco loco.

SEROTONINA

Este neurotransmisor se encuentra en el sistema nervioso central y en el tubo digestivo, tiene una participación activa en el estado de ánimo, sus niveles bajos producen depresión, pero sus niveles altos producen estabilidad no felicidad como se pensaría lógicamente, se relaciona a este neurotransmisor también a los estados de ansiedad, el miedo, la angustia, la agresividad, cuando aumentan sus niveles, existe bienestar, relajación, satisfacción y autoestima. En relación al sexo, los niveles elevados de este neurotransmisor aumentan el deseo sexual y en un caso contrario con niveles bajos, el deseo de tener relaciones sexuales disminuye.

Los niveles bajos de serotonina en nuestro cerebro y cuerpo se pueden dar en situaciones de mala alimentación o en periodos de stress o ansiedad, la forma indirecta de aumentar el nivel de serotonina en las personas es a través de la relajación, dormir adecuadamente, evitar el consumo de alcohol, adecuada alimentación, se comprobó que el alimento natural que produce mayor concentración es el chocolate.

OXITOCINA

Esta se produce en el hipotálamo, de ahí se transfiere a la hipófisis en esta glándula se almacena y luego de libera según sean las necesidades, se la relaciona con la conducta sexual y reproductiva, tiene la propiedad de producir contracciones uterinas e interviene en la secreción de leche materna , además está involucrada en procesos como el aprendizaje y la memoria, el reconocimiento facial y en el reconocimiento de las emociones de otras personas , en el tema sexual , la Oxitocina activa centros de recompensa produciendo placer durante los orgasmos ya que contrae fibras musculares uterinas , está relacionada con las emociones y la inteligencia interpersonal. Algunas personas incluso la han denominado: la hormona del amor. Este neurotransmisor se produce en cada persona, pero puede sus niveles pueden elevarse cuando alguien se encuentra con otra persona que percibe que la atrae.

ENDORFINAS

Son neurotransmisores producidas por la hipófisis e hipotálamo se encargan de estimular las áreas cerebrales que producen placer en el organismo, crean una sensación de bienestar y calma tanto en la parte física como en la mental lo que hace que el cuerpo vuelva a buscar la sensación que generó placer y bienestar, su producción elimina o disminuye el dolor físico y también el dolor emocional , en situaciones de ansiedad el sistema inmunológico se encuentra disminuido lo que provoca mayor posibilidad de que se presenten enfermedades en general de tipo infecciosas , la liberación de endorfinas produce fortalecimiento del sistema inmunológico al mejorar el estado de ánimo , las endorfinas tienen un papel muy importante en la sexualidad facilitando el deseo y liberando hormonas que participan en el acto sexual , tiene una participación activa en la excitación sexual, en la disminución del dolor, en el enamoramiento y en el orgasmo. El contacto físico con otra persona que nos agrada produce elevación de endorfinas, este vínculo emocional positivo se realiza mediante caricias, besos y abrazos. Mantener una cantidad adecuada de endorfinas en el organismo se puede producir con un avisa sexual plena y satisfactoria.

NORADRENALINA

Actúa como hormona y neurotransmisor, se produce en la medula suprarrenal de donde se libera la torrente sanguíneo actuando como hormona y también se libera en el sistema nervioso central, tiene una actuación principal en producir tensión y tendencia la huida ante el peligro, a nivel físico produce incremento del flujo sanguíneo, quemar calorías de los depósitos de grasa del cuerpo para ser utilizada como fuente de energía y calor para el cuerpo, incrementa la producción de glucosa.

A nivel del sistema nervioso central producen un sistema de alerta y prepara a la persona para la acción, aumenta la atención y la concentración, mejora el procesamiento de las sensaciones físicas , junto a la dopamina participa en la regulación del aprendizaje , memoria y sensación y recompensa , en la conducta sexual produce sensación de placer durante las relaciones sexuales , en el hombre produce vasoconstricción a nivel genital promoviendo de esta manera la erección y la lubricación en la mujer.

FEROMONAS

Se denominan así a substancias químicas propias de cada ser vivo cuya finalidad es producir atracción en otra persona. Al momento aún existe controversia en la comunidad científica respecto a la presencia de feromonas en los seres humanos a pesar del gran interés por encontrarlas de parte de la industria, si bien estas substancias se ha demostrado que existen en el reino animal y vegetal, en las personas el centro vemoronasal se encuentra aparentemente atrofiado, esta es la parte que tendría que captar o percibir las feromonas del sexo opuesto.

Sin embargo, el ser humano produce feromonas, que si bien no son captadas de la misma manera que en los animales inferiores, se piensa que su vía de percepción es diferente, probablemente percibir las mismas sea mediante mecanismos aún desconocidos. En estudios realizados se demostró que percibir las lágrimas de una mujer, reduce en forma instantánea el deseo sexual del hombre, se entiende en este ejemplo que no es necesariamente el olfato el que percibiría la atracción de otra persona.

En forma básica existe la androstadionona que se encuentra en el vello axilar, el semen, este produce un aumento de los niveles de cortisol, se tiene también al estratetraenol presente en los genitales de las mujeres , se piensa que estas substancias producen activación del hipotálamo cerebral lo que se traduce en incremento del deseo sexual. Desde esa perspectiva comprenderíamos que las feromonas si existen solo que en los seres humanos son captadas de forma diferente que en otros animales. La respuesta está en que la atracción sexual en las personas tiene varios componentes, además de la olfacción interviene la visión, la audición, el tacto y componentes bioquímicos subconscientes, este último término denota que algo no se percibe en forma consciente, pero si es captado de forma muy profunda.

En el aspecto comercial muchas fábricas de perfumes han logrado obtener las dos substancias denominadas feromonas la androstadionona y la estratetraenol y las añaden a perfumes promoviéndolos como perfumes que atraen al sexo opuesto, pero no existe la certeza de estos funcionen , si bien estas dos substancias químicas serían las feromonas propiamente dichas, al parecer funcionan solo cuando el cuerpo de una persona las emite en forma natural , lo que haría suponer que otros factores como la piel de cada persona alteraría cada substancia para ser atractivo o atractiva a una persona y a otra tal vez no. Sin embargo, la investigación al momento aún continúa.

CONCLUSIONES

El cerebro con sus diferentes funciones, los neurotransmisores y la sexualidad se encuentran íntimamente relacionados, toda actividad del ser humano implica diversas interacciones a nivel químico.

La sexualidad en una de las funciones de supervivencia y placer más importantes del organismo, se entiende el concepto de supervivencia ya que a través de todos estas combinaciones químicas se produce la fecundación de nuevos seres que permiten perpetuar la especie, pero es necesario comprender que la sexualidad no siempre se realiza con el fin de procrear, sino de sentir placer físico y psicológico.

El acto sexual propiamente dicho produce disminución del estrés, mejora el latido cardiaco, produce niveles altos en el sistema inmunológico, relaja los músculos contraídos y estabiliza el estado de ánimo.

BIBLIOGRAFÍA DE APOYO

AGUILAR, José. Síndrome de Alienación Parental. Editorial Almuzara. Madrid - España 1998.

CAJIAS, Huáscar. Criminología. Editorial Juventud. La Paz - Bolivia 1990.

CUAUHTÉMOC, Carlos. Free Sex. Editorial Diamante S.A. México 2015.

DE OLIVEIRA, Vanessa. 100 Secretos de una dama de compañía. Calato Editores. Brasil 2009.

ELLEFSEN, Bernardo. Matrimonio y sexo en el incario. Editorial "Los amigos del libro". La Paz - Bolivia 1989.

FAUR, Patricia. Amores que matan. Ediciones Grupo Z. Buenos Aires - Argentina 2007.

FREIXA, Niella. Familia y deficiencia mental. Amarú Ediciones. Salamanca- España 2000.

GOLDBERG, Beatriz. Parejas Toxicas. Editorial Kier. Buenos Aires - Argentina 2010.

GRAY, John. Los Hombres son de Marte y las Mujeres de Venus. Editorial Atlántida. Brasil 1996.

HALGIN, Richard. Psicología de la Anormalidad. Editorial Me Graw Hill. México 1995.

INGENIEROS, José. Las fuerzas morales. Editorial Juventud. La Paz - Bolivia 1982.

JAGOT, Paul. Psicología del amor. Editorial TOR-SRL. Buenos Aires - Argentina 1991.

LAURENT, Assoun. Lecciones psicoanalíticas sobre hermanos y hermanas. Editorial Nueva Visión. Buenos Aires -Argentina 1998.

MALDONADO, Ruth. Sexualidad y Reproducción Humana. Editorial Gisbert y Cia. La Paz - Bolivia 1983.

MANZANO, Henry. Psicología de la adolescencia "Rompiendo cadenas". Editorial Colecciones Culturales Editores Impresores. La Paz - Bolivia 2010.

MANZANO, Henry. ¿Hijos o enemigos?. Editorial Colecciones Culturales Editores Impresores. La Paz - Bolivia 2012.

MANZANO, Henry. ¿Hombres o dioses?. Editorial Colecciones Culturales Editores Impresores. La Paz - Bolivia 2014.

NACIONES UNIDAS. Manual para la lucha contra la trata de personas. Editorial United Nations. Nueva York 2007.

NUÑEZ, Jorge. Medicina Legal y Criminalística. Editorial El ORIGINAL - San José. La PAZ - Bolivia 2014.

PAPALIA, Diane. WINDKOS, Rally. DUSKIN, Ruth.Desarrollo Humano. Editorial Me. Graw Hill. México 2004.

PINTO, Bismark. Porque no sé amarte de otra manera. Editorial Departamento de Psicología. La Paz - Bolivia 2004.

RISO, Walter. ¿Amar o depender?.Grupo Editorial Norma. Bogotá -Colombia 2008.

SANTO DOMINGO, Isabella. Los caballeros las prefieren brutas. Editorial Nomos S.A. Bogotá - Colombia 2005.

SHARMA, Robin. ¿Quién te llorará cuando mueras?. Grupo Editorial Random House Mondadori. Toronto - Canadá 2008.

SPERR, Monika. Los padres domados. Editorial Grijalbo. Buenos Aires-Argentina 1982.

VALENCIA, Eddie. Tulipanes en Diciembre. Editorial Mundo Hispano. Estados Unidos 1992.

VERA, Nelson. Los delitos sexuales. Gráfica Ramírez. Manabí - Ecuador 2006.

WAYNE, Dier. Tus Zonas Erróneas. Editorial Grijalbo. Barcelona - España 2001.

CAPÍTULO III ALTERACIONES Y DESVIACIONES SEXUALES

Alteraciones sexuales.
1. Frigidez.
2. Vaginismo.
3. Ninfomanía.
4. Impotencia sexual.
5. Satiriasis.
Desviaciones sexuales.
a) Desviaciones sexuales con respecto al objeto sexual.
1. Pedofilia o paidofilia.
2. Zoofilia.
3. Necrofilia.
4. Fetichismo.
5. Gerontosexualidad.
b) Desviaciones sexuales con respecto al fin sexual.
1. Frotteurismo o frotación.
2. Voyeurismo.
3. Exhibicionismo.
4. Troilismo.
5. Travestismo.
6. Sadismo.
7. Masoquismo.
8. Sadomasoquismo.
Causas.
Consecuencias de la insatisfacción sexual en la adolescencia.
Pornografía.

CAPÍTULO IV LA MASTURBACIÓN

CAPÍTULO VIII EL RITMO SEXUAL EN EL MATRIMONIO